Ⓢ新潮新書

古野まほろ

FURUNO Mahoro

職務質問

928

新潮社

職務質問●目次

第2章　これって任意ですよね？　任意なら絶対応じません

序章　職質をめぐる「？」

私と職務質問

いわゆる『警察24時』等、警察活動に密着したTV番組でもお馴染《なじ》みの〈職務質問〉。イメージとしては、外を歩いていたら突然、制服の警察官に声を掛けられ、身分証等を確認され、時に所持品を検査され……といったあの警察活動ですが、市民によく知られていると言えばよく知られているし、といって、市民にとって実態が定かであるかと言えば、必ずしもそうではありません。

そもそも、人生において複数回、いえ時に頻繁《ひんぱん》に経験したという市民もいれば、人生においてただの1度も経験したことがない、という市民もいるはずです。

このように、『何度も声を掛けられるタイプの人間と、1度も声を掛けられないタイプの人間がいる』というのは、元警察官の私が現役時代から聴く『警察神話』の1つですが、それが警察官の機械的・主観的な判断の結果である――という御意見をお持ちならそれは誤りです。他方、事後的に見れば結果としてそうした傾向がある――という御意見をお持ちなら、それはある程度正しい。

実際、私自身、警察庁の職務質問担当課で勤務したことがありますし、また、国の警察大学校において職務質問担当部門の教授を務めたことがあります。ところが私はそれらのとき、自分自身が職務質問を受けたことが、ただの1度もありませんでした。いえ、それらの所属《ショゾク》に勤務中はもとより、それ以前の人生においても。またそれ以降退官《たいかん》し、こうして市井《しせい》の著述業を続けている今現在に至るまで。そう、私自身は『1度も声を掛けられないタイプの人間』のようです。

私は他にも似たような経験をしていまして、警察庁や警察大学校の、まあ、性風俗関連特殊営業担当課・担当部門で勤務したときも、まあ、店舗型・無店舗型を問わず、いわゆる『フーゾク』経験が皆無《かいむ》でした。言い訳をすれば、私の主たる専門分野は警備警察、いわゆる公安警察でしたので、風営法《ふうえいほう》のフの字も読んだことがなければ、規制する業の実態把握に努めたこともなかったのです。

そんなことではいかん（？）と思い立ちまして、特に職務質問については実態把握と現場経験を積もうと――正確に言えば『職務質問されること』について実態把握と現場経験を積もうと、ちょっと工夫を凝らしてみることにしました。

すなわち勤務時間外・休日等に時間を作り、何と言いますか、小汚い不審な格好で、交番の前をうろちょろしたり、街頭で遭遇した制服警察官と幾度もすれ違ったりするのです。時間はできるだけ深夜。素足にすりきれた雪駄《せった》履き、よれよれにしたワイシャツにボロボロのデニム。髪なんかも、洗いっ放しでろくろく整えてもいないボサボサな感じで。所在《しょざい》なく、手ぶらで、如何《いか》にも無目的な様子で（今思えば、セカンドバッグの1つくらいは後生大事《ごしょうだいじ》に抱えておけばよかったなと感じますが、私はポーチの類《たぐい》を使わないので……）。

そんな、一歩間違えば偽計《ぎけい》業務妨害になるかも知れない『待ち受け』を、10を下らない日にわたって実行したのですが……成果は『ゼロ』。私はこれを書いている今日この日に至るまで、1度も職務質問を受けたことがありませんし、敢えて難《なん》のある言い方をすれば、1度も制服警察官に『構ってもらった』ことがありません。

さてこの経験を、警察庁の同じ課で勤務していた同僚警察官のM警視に――近畿の某《ぼう》県からの出向警察官で、やがて当該《とうがい》県の参事官や署長にまで就任した警察官ですが——雑談として話してみますと、なんと、M警視もまた同様の試みを繰り返していたとのこと。ただM警視が私より徹底していたのは、靴下を片方しか履かないとか、左右バラバラのサンダルを履くとか、いかにも怪しげな紙袋を下げておくとか、事前に飲酒をして酒気《しゅき》をぷんぷんさせておくとか……「よくそこまで頑張りましたね」と訊くと、「出向は2年間しかないんで、今の内に警視庁のワザを見極めておきたかったんですが」とのこと。この「見極めておきたかったんですが」なる言葉から理解できるとおり、実はM警視の『ナンパ待ち』にあっても成果は『ゼロ』。懸命に不審性を演出したにもかかわらず、2年間の東京生活において、待望の職務質問を受けることはとうとう、無かったとのこと。

ここで読者の方《かた》は「警察官には警察官が分かるのだ」とお思いになるかも知れません。確かにそういう鋭い警察官も、いるのかも知れません。しかしながら前述の例で言えば、M警視はぱちんこ屋に入《い》り浸《びた》っていてもおかしくない、どちらかと言えばやさぐれた外《がい》貌《ぼう》をしていましたし、私自身について言えば、警察官とはいえその正体は国の官僚ですから、当時も今も絶対に警察官／元警察官とは見破られない自信があります。まして、意図的に『胡《う》散《さん》臭《くさ》いポイント』を幾つも幾つも用意していた訳で……

こうした私自身の経験、あるいは同僚警察官の経験を踏まえると、成程《なるほど》、『何度も声を掛けられるタイプの人間と、1度も声を掛けられないタイプの人間がいる』という警察神話の1つは、結果としては、ある程度正しい。

しかしながら、それが単に警察官の機械的・主観的な判断によるかと言えば……『どれだけ作為《さくい》的《てき》に不審性をたくさん演出しても、声を掛けてもらえない』という実験結果からして、それは否《いな》です（ちなみに前述のとおり、警察の手の内を知り尽くしている担当課の警察官複数による実証結果です）。すなわち警察官は、ただ単に『一見して怪しい!!』『俺のチェックポイントに引っ掛かる!!』といった機械的・主観的判断で、職質を掛けている訳ではないのです。

とはいえ、M警視と私はとうとう東京の、警視庁の警察官のお眼鏡には適《かな》わなかった訳ですから、そこには一定の『判断基準』があるはずです。

実際、私は自分自身こそ職務質問を受けた経験がありませんが、今私の住んでいる吉《きち》祥寺《じょうじ》の駅前あるいは繁華《はんか》街《がい》において、昼夜を問わず「あっ職質やってる!!」「あっあそこでもやってる!!」「すっごい怒《ど》号《ごう》飛んでるなあ……」とたちまち気付くほど、職務質問が積極的に励行《れいこう》されているのを見掛けます。
言い換えれば、お眼鏡に適《かな》う市民は多いし、だからそこには一定の『判断基準』があるはずです。しかしそれは機械的・主観的なものではない。なら何なのか……？

職務質問をめぐる謎

右のような『判断基準』、そしてその結果としての『何度も声を掛けられるタイプの人間と、1度も声を掛けられないタイプの人間がいる』ことは、市民が感じる、職務質問をめぐる謎のうちとても大きなものでしょう。それはそうです。自分が街歩きをし、あるいはドライブしている際、突然に警察官の『急襲』を受けるか受けないかは、市民にとって大事《おおごと》ですから。

しかしながら、市民が感じる職務質問をめぐる謎は、この『判断基準』の問題に限られないと思います。

例えば、職質は『誰が？』やっているのか／できるのかという主体の問題。職質で『何が？』できるのか／できないのかという行為の問題。『何に基づいて？』という法的根拠の問題。『何のために？』という目的の問題。『市民にとっての利益は？』という成果・アウトプットの問題。『どうやって？』やっているのかというスキルの問題……

　はたまた例えば、事実上『完全拒否』ができないようだけれどそれは適法なのか、適法だとしてそれは何故かという問題。人口に膾炙《かいしゃ》しているかたちで言い換えるなら、『任意なのか強制なのか？』『任意なのに拒否できないのはおかしい!!』という問題。

本書の射程

　謎は尽きませんが、〈職務質問〉の制度と実務は、実は警察学校の巡査生徒でも理解に難《かた》くないものです（正確で信頼できる出典や資料を探し、記憶するのが難しいだけです）。

　よって本書の内容も、小難《こむずか》しいものではありませんし小難しくできません。

　したがって、飽くまでも読み物として、右のようにエッセイ調で、しかし右のような市民にとって切実な論点を——職質をめぐる「？」を——ゆっくり論じてゆきたいと考えます。

　それにより、市民のため、平易ながらも正確な、根拠ある答えを示すこと。

　それが本書の射程です。

なお、本書は法学書・学術書ではありませんので、正確性には大いに配慮したつもりですが、言葉の遣い方は時として厳密ではありません。特に、職務質問のことを『職質《シッ》』と略していたり、職務質問を実施している警察官のことを単に『職《ショク》質警察官』と乱暴に表現している箇所《かしょ》が多々ありますが（よってそのような職名なり係名なりはありません）、無論、厳密な言葉遣いではありません。これに関連して、職務質問のことを警察がどう呼ぶか、カンタンにまとめておきます。

【名詞】職務質問、職質、職《ショク》、マル職、バンカケ

【動詞】職務質問する／〜をする／〜を行う／〜を掛ける／〜を実施する
職質する／〜をする／〜を掛ける／〜を実施する
職《ショク》を掛ける
マル職を実施する
バンを掛ける（今晩は、と声を掛けるからだとか。バンカケも同様）

——それでは以降、職務質問の非違非道《ひいひどう》に憤《いきどお》っておられる方《かた》にも、職務質問を極めて胡散臭《うさんくさ》く思っておられる方《かた》にも、納税者として警察官の活動を理解し統制したいと考えておられる方《かた》にも、警察官の社会正義の実現手法に関心がある方《かた》にも、あるいはむしろ

警察官の努力が足りないとお感じの方《かた》にも……それぞれ御納得いただけるよう、不偏不《ふへんふ》党且《とうか》つ公平中正《こうへいちゅうせい》を旨《むね》とし（警察法第２条）、謎多き職質ワールドの不思議を解明してゆきましょう。

なお紙幅《しふく》の都合上、令和３年現在に至るまで生き続けている「デートもできない警職《けいしょく》法《ほう》」（正確には〝デートも邪魔する警職法〟）なる呪いと、それゆえに関係法令の改正・現代化が極めて困難であるという因果については、全削除せざるを得ませんでした。職質の歴史に御興味のある方《かた》は、『警職法反対闘争』『週刊明星《みょうじょう》』等の語句で御検索ください。

第1章　こんにちは!!　ちょっとお時間よろしいですか!?

——そもそも〈職務質問〉とは

職務質問の根拠1

職務質問の明文の根拠は、警察官職務執行法《けいさつかんしょくむしっこうほう》第2条で、それだけです。

しかし、明文化されていない根拠は無数にあります。

そして、これからも毎年毎年、陸続《りくぞく》と生まれ続けるでしょう。

要は、『職務質問の法的根拠』と言ったとき、それは条文としては1つだけですが、それだけで全てを理解することはできないのです。その理由を次に述べます。

条文だけでは解らない!!（法解釈・判例法の世界）

我が国には令和３年現在、約２０００強の『法律』が存在しますが、右の警察官職務執行法（昭和23年法律第１３６号）、いわゆる警職法《けいしょくほう》もその法律のうちの１つです。

現代では、条文数が１００いえ２００を超える法律も少なくない中、この警職法は全８条と、極めてシンプルな構成をとっていますが……

しかし、何と言っても『昭和23年』（１９４８年）に施行《せこう》された超古典的な法律です。

そして一般論として、時代を遡《さかのぼ》れば遡るほど、内閣法制局を頂点とする霞《かすみ》が関法制《せき》官僚の立法技術が確立していないので（他方で現代の立法技術は機械言語・人工言語として完成の極みにあり、一言一句《いちごんいっく》の揺らぎも許してはくれません）、警職法のような超古典的な法律だと、どうしても〈解釈〉の余地が大きくなります。時にとても大きくなります。

他のビッグネームで言えば、『憲法』『刑法』『刑事訴訟法』といったあたりも超古典的ゆえ、同様の問題を抱えています（憲法は法律ではありませんが……）。

よって例えば、条文――この場合は警職法第２条――というテクストのみを運用しようとしても、それだけでは意味が通らないとか、それだけでは複数の意味に取れるとか、それだけでは令和３年現在に生じている問題に対処できないとか、そうしたプログラムの『穴』が生じます。それらを、〈解釈〉という修正パッチ・修正プログラムを適用して、埋める必要が生じます。

そうした〈解釈〉を最終的に行うことができるのは、我が国では裁判所だけです。うち最高裁の〈解釈〉が最も決定的ですが、確定したものであれば、地裁のものでも高裁のものでもかまいません。それらの出す〈解釈〉、いわゆる〈判例〉は法律の修正パッチ・修正プログラムとして、事実上、法律と一体化します。要は、最初から法律に書いてあったのと同様の位置付けを与えられます。

ここで無論、読者の方《かた》の物理的な『端末』を想定していただければお解りになるとおり、修正パッチ・修正プログラムは1つ／1度ではありません。裁判所は、自らが裁くこととなった具体的な事件については、どのような修正パッチ・修正プログラムを適用しようが、それを幾つ適用しようが基本的には自由です。また、具体的な事件は日々発生し日々裁かれてゆくのですから、イメージとしては、全国各地で日々どんどん、修正パッチ・修正プログラムが用意されてゆくこととなります。

まして、今《いま》検討している警職法第2条は、〈職務質問〉なる、どこの都道府県においても毎日毎日、昼夜を問わず頻繁《ひんぱん》に励行《れいこう》されている活動を規定しています。したがって、その適法性等が具体的な事件として裁判になることが実に多く、よって裁判所で裁かれることが実に多く、ゆえに、〈解釈〉＝警職法第２条の修正パッチ・修正プログラムが適用されることも実に多いです。

それら〈解釈〉＝〈判例〉の集積が、〈判例法〉です。

それら全てが、事実上、法律と一体化します。この場合、警職法第２条と一体化します。

この一体化については、学問的には難しい議論もありますが……ただ行政実務としては、確定した〈解釈〉〈判例〉〈判例法〉に抵触・違反する活動は絶対にしません。少なくとも意図的にはしません。何故と言って、法令の最終的な解釈権を持つのは裁判所ですし、反抗すれば怒られますし、反抗を繰り返せばその怒りがエスカレートしてゆくだけですので、敢えて違反すること／違反し続けることに何のメリットも無いからです（実際、職務質問に関しては、裁判所もしばしば激怒して警察を叱責《しっせき》し、事実上懲罰《ちょうばつ》します）。

――以上をまとめますと。

職務質問の法的根拠は、

①警職法第２条というテクスト
②それについての裁判所の〈解釈〉＝〈判例法〉

であり、かつ、②の方が質量ともに重要である、少なくとも圧倒的に情報量が多い、ということになります。

そこで本書は、まず右の①を総論として検討し、②については各論として、具体的な情報・内容を説明する都度《つど》文末に『（判例）』と記載してゆきます。法学書であれば少なくとも『（東京高判令３・６・15判タ２３４５・６７）』くらいのことは逐一《ちくいち》表記すべきですが、具体的な内容を平易に説明するという本書の射程から、また、昨今は判例検索が比較的容易になっていることから、そのような表記は省略します（なお警職法を含む警察行政法にあっては、田村正博「全訂　警察行政法解説（第二版補訂版）」（東京法令出版、２０１９）、那須修「実務のための警察行政法」（立花書房、２０１１）等、市販されている良書が複数あり、それらでは無論判例等の出典が確認できます）。

職務質問の根拠２

それでは職務質問の明文の根拠である、警職法第２条を見てみましょう。

まずは第1項から。

（質問）
第2条　警察官は、異常な挙動その他周囲の事情から合理的に判断して何らかの犯罪を犯し、若しくは犯そうとしていると疑うに足りる相当な理由のある者又は既に行われた犯罪について、若しくは犯罪が行われようとしていることについて知つていると認められる者を停止させて質問することができる。

……なんとなく小難しく規定されていますが、主語と述語だけを抜き出してみれば、

（質問）
第2条　警察官は……（著者略）……停止させて質問することができる。

という、警察官の権限を定めていることが解ります（～できる）。

では、この『停止させて質問する』相手《あいて》方《かた》、すなわちいわゆる職質対象者は誰なのか

というと、便宜的《べんぎてき》に番号を付すなどすればそれは、

①異常な挙動《きょどう》その他周囲の事情から合理的に判断して何らかの犯罪を犯し、若しくは犯そうとしていると疑うに足りる相当な理由のある者
②既に行われた犯罪について、若しくは犯罪が行われようとしていることについて知っていると認められる者

のいずれかです。
よって、警職法第2条第1項は、
Ⅰ　警察官は、一定の者を停止させて質問することができる（権限）
Ⅱ　Ⅰの対象者は、①②のいずれかに該当する者である（対象）
ということを、実は極めてシンプルに規定しています。
このように分解すると明らかなとおり、警察官が職務質問をすることができる職質対象者は、実は、①②の2類型しかありません。
実務上、①を〈不審者〉、②を〈参考人的立場の者〉と呼称するのが一般的です。

よって言い換えれば、職務質問にはA〈不審者に対する職務質問〉と、B〈参考人的立場の者に対する職務質問〉の、2類型しかありません。

――読者の方が想定するのは、ほとんどがAでしょうが、しかしながら職務質問は、①の者に対してだけ行われる訳ではありません。例えば、たまたま犯行現場に居合わせた、何の不審性も無い市民に対しても（②の人ですね）、Bが行われ得ます。ですので、読者の方が仮に職務質問をされたとして、必ずしも「お前は不審者だ」「お前は怪しい」（＝「お前は①に該当する」）と認定されている訳ではありません。

それじゃあ、その『たまたま犯行現場に居合わせた市民』に〈聞き込み〉をするのと〈職務質問〉をするのとどう違うのか……という疑問が浮かびますが、これはすぐ述べる職質の〈任意性《にんいせい》〉の議論に絡《から》みますので、ここでは、

〈聞き込み〉よりも〈職務質問〉の方が、イザとなったら押しの強い／与えられるプレッシャーの強い、別の類型の活動である

というイメージでとらえてください。

なお、〈聞き込み〉の話が出ましたので、私もしばしば問われることのある「職務質問と〈取調べ〉はどう違うのか？」という論点に触れておきましょう。端的《たんてき》に言えば、

両者もまるで異なる活動です。実際に職務質問の対象となる市民にとっては、「どっちでもやることは一緒だろ……」となりましょうが、性質・性格はまるで違います。

職務質問は警職法の規定に基づき、例えば何らかの犯罪の嫌疑がある不審者に対し、不審性を解明するために行われる、捜査の端緒《たんちょ》（キッカケ）を得る活動。他方で〈取調べ〉は、刑事訴訟法の規定に基づき、特定の犯罪の被疑者等の供述《きょうじゅつ》を求めて供述《きょうじゅつ》調書《ちょうしょ》等を作成する――当然その際に適宜《てきぎ》必要な質問をする――捜査そのもの、捜査活動です。

なら具体的に、どのような違いがあるかと言えば……

法律上の違いを挙げれば、被疑者に対する〈取調べ〉においてはまず『供述拒否権《きょうじゅつきょひけん》』が告げられなければなりませんが（いわゆる黙秘権《もくひけん》。「言いたくないことは言わなくてもいいからね」等）、職務質問は被疑者の取調べではないので、職質警察官にはこれを告げる義務がありません。また被疑者に対する〈取調べ〉の前段階では『弁護人選任権《べんごにんせんにんけん》』が告げられなければなりませんが、これも職務質問には関係ありません。あと、職務質問は捜査のキッカケを得るための活動ですから――捜査そのものではないので――職務質問の段階において、〈取調べ〉のように供述調書等の捜査書類が作成されることはありません。

実務上の違いを挙げれば、職務質問の99・99％は交番等のいわゆる〈地域警察官〉なる制服警察官によって行われるところ、〈取調べ〉の方《ほう》は地域警察官ではない捜査員、一般用語でいう刑事・私服刑事によって行われるのがほとんどです。またイメージどおり、職務質問はほとんどが街頭・公共の場所・PC《パトカー》で実施されるところ、〈取調べ〉は警察署・警察本部の取調べ室で実施されます。

ここで併せて、職務質問の権限の主体、権限行使の『主語』にも注目してみましょう。警職法第2条第1項には『警察官は……停止させて質問することができる』とありますね。主語は、警察署長でも警察本部長でも公安委員会でもありません。現場における個々の警察官1人1人が――当然、警職法の規定に基づき――自分自身の判断により、またそれのみにより、職務質問を実施することができます。要するに、上司上官の決裁や指揮は必要ありません（よって例えば、職質現場における『上司を呼べ!!』『署長を出せ!!』という要求・抗議・苦情は、法的にはさほど意味がありません……）。

また、この『警察官』でさえあれば、私服の刑事であろうと交通の女警さんであろうと、警視総監であろうと警察署長であろうと、そしてもちろん交番の制服警察官であろうと――要はどのような仕事を任されていようと――職務質問を実施できます。

このように、権限の主体が個々の警察官1人1人と規定されているのは、職務質問を始めとする警職法に規定する諸《しょ》活動・諸《しょ》権限が、すぐれて現場的なものであり、時に緊急を要し、よって上司上官の判断を待ってはいられないタイプのものだからです。

——とまれ、右では、①職務質問の明文の根拠と、②警察官の権限と、③職質対象者が解りました。更に②③について、より具体的に見てみましょう。

停止させて質問することが『できる』？

警職法第2条第1項に規定する警察官の権限は、要は、『停止させて質問することができる』ことでした。

そして早速《さっそく》ここで、いわゆる〈任意《にんい》性《せい》〉〈任意活動〉の問題が出てきます。

具体的には——

この『停止させて質問することができる』という規定は、職務質問の相手方《あいてかた》に、何らの停止義務を課すものではありません。実力を伴う停止権限を警察官に与えるものでもありません。また、相手方に質問に対する回答義務を負わせるものでもありません。

これは飽くまでも、『相手方の自由な意思で停止するよう求め、そのための説得ができる』『自由な意思で停止してくれた相手方に質問をし、回答するよう求め、そのための説得ができる』――という権限でしかありません。当然、この権限を行使するスタイルは『言葉』による『話し掛け』によるのであって、しかも最初から強い口調で呼び止めることはできません。

この意味において、職務質問は、『相手方に何らかの義務を課す』とか『相手方の権利を変動させる』とか、そうした行政法でいうところの〈強制活動〉では﹅﹅﹅なく、相手方の権利義務を変動させることのない〈任意活動〉です。具体的には、職質を受けたところで、受けた自分の権利義務は全く変わりませんから（要は受ける前のまま／自由なままです）、そのまま立ち去ることも、質問に回答しないことも全くの自由です。

しかしながら……

ちょうどよいのでここで、職務質問に関する、とても重要な判例法をザッと見ましょう。

〈有形力の行使〉というキモ

とても重要ゆえ、警察学校で習わないことも試験に出ないことも無い重要な判例法です。

とても重要にして本質的な裁判所の姿勢、すなわち――

①そもそも職務質問というのは、右のとおりの〈任意活動〉なのですが、②しかし裁判所は一貫して、職務質問においては『強制にわたらない有形力の行使は認められ得る』『強制にわたらない一時的な実力の行使は認められ得る』という立場を採用しており、③これは既に鉄板というか、確定が上にも確定していて絶対に動きません（最高裁の判断である上、半世紀弱の運用実績がありますので）。

この裁判所の姿勢を、より具体的に見ると、

Ⅰ　職務質問は任意活動である

Ⅱ　任意活動において強制手段を用いることは許されない

Ⅲ　しかし、強制にわたらない〈有形力《ゆうけいりょく》の行使〉は、職務質問において許容される場合がある

Ⅳ　〈有形力の行使〉は、必要性・緊急性などを考慮して行われなければならない

Ⅴ　〈有形力の行使〉は、Ⅳを踏まえ、具体的状況のもとで相当と認められる限度

で行われなければならない

となっています（判例）。

これを言い換えれば、A必要性・緊急性等の大小に応じ、B具体的な状況を踏まえて『これなら仕方ない』と言える限度であれば、C〈有形力の行使〉＝〈一時的な実力の行使〉は認められる、Dただし絶対に強制にわたってはならない——というルールとなります。

更に言い換えれば、職務質問という任意活動は、一定の要件の下、〈有形力の行使〉＝〈一時的な実力の行使〉を最初から念頭に置いている——ということにもなります。

そしてこの裁判所の鉄板のルールは、職務質問のあらゆるプロセスにおいて働き、職務質問のあらゆるプロセスを支配します。よってこれを警察官から見れば、『絶対に強制活動を行ってはならない中で、イザというときどのように／どこまで〈有形力〉を行使できるか？』という縛りになりますし、またこれを職質対象者から見れば、『イザというとき実力行使がなされれば、それを違法な強制活動として争う!!』という武器になります。

——職質関係の永遠の流行語大賞である「任意か強制か？」というフレーズの本質は、実はこのように、

(1)そもそも、職務質問が有形力の行使を含み得ること
(2)それが適法か違法かは、現場現場の、個別具体の活動内容により異なること
(3)よって当然、警察官は適法を主張し、相手《あいて》方《かた》は違法を主張すること
(4)その判断を最終的に行うのは裁判所であり、現場においては最終的に解決できないこと

という極めて重要なポイント……言い換えれば、〈職務質問〉＋〈有形力の行使〉の組合せが醸《かも》し出す、摩擦《まさつ》であり衝突であり対立なのです。

〈任意〉という言葉に潜むズレ

……このあたり、言い方がとても難しいのですが、まず職質は、理論上『純度１００％』の任意活動です。強制活動にわたることは絶対に許されませんので、当然のことです。

ここで、この職質なるものが、理論上も見掛け上も常に『純度１００％』の任意活動

であって、要は一切の〈有形力の行使〉が認められない、というのなら、それはそれで解りやすいです。警察官はとても困るでしょうが。

　しかし警察官にとって……ある程度……幸いなことに、必要性だの緊急性だの、それらを踏まえた相当性だの、所要《しょよう》の役札《やくふだ》が揃《そろ》ったときは、やはり言い方が難しいのですが、職質は見掛け上、『純度100％』の任意活動とは言えなくなる。というのも、一時的で強制未満とはいえ、実力すら行使できてしまうので……そうなると、職質対象者としてはそれはもう「どこが任意だよ!!」「突き飛ばしておいてふざけるな!!」「何で立ち塞《ふさ》がるんだよ!!」となりますよね。

　しかしながら、イザ役札が揃ったときは、その役の強弱に応じ〈有形力〉が行使できる。これが裁判所の一貫した立場。ゆえに、市民が〈任意〉と考えるものと、裁判所が――だから警察もまた――〈任意〉と考えるものとの間に、必然的なズレが生じてくるのです。

　このズレが、「これ任意？　強制？」「任意なら帰ります」という流行語あるいは決め台詞《ゼリフ》につながってくると、こういうことです。

職質の世界は『デジタル』でなく『アナログ』

……あるいは、こうも言えるかも知れません。

職質ワールドにおいては、〈任意〉とか〈任意性がある〉といった言葉は、0か1かのデジタルではないのです。無論、強制にわたったら一発でアウト、強制活動たった1つでレッドカード・即退場というのがルールですが……しかし強制にわたらない限りにおいて、〈任意〉という言葉は、幅や濃淡のある、0~1のアナログな概念です。

すなわち、〈任意〉には無限のスタイルがあります。

その一方の極《きょく》には「喜んで協力します、お巡りさんお疲れ様です!!」といった完全任意・完全協力があるでしょうし、もう一方の極《きょく》には「そこまでされちゃあ仕方ない、勝手にどうとでもしやがれ!!」といった渋々任意・嫌々協力があるでしょう。そして後者の場合、ほぼ当然に警察官の説得があったでしょうし、イザ役札《やくふだ》が揃《そろ》ってしまったなら、〈有形力の行使〉さえあったかも知れません。

しかしそれでも、強制にわたらないのなら、〈任意〉であり、〈任意性がある〉のです。

このように〈任意〉に幅・濃淡・グラデーションがあること、そして〈強制〉との関係を、図-1に示しておきましょう。

図1

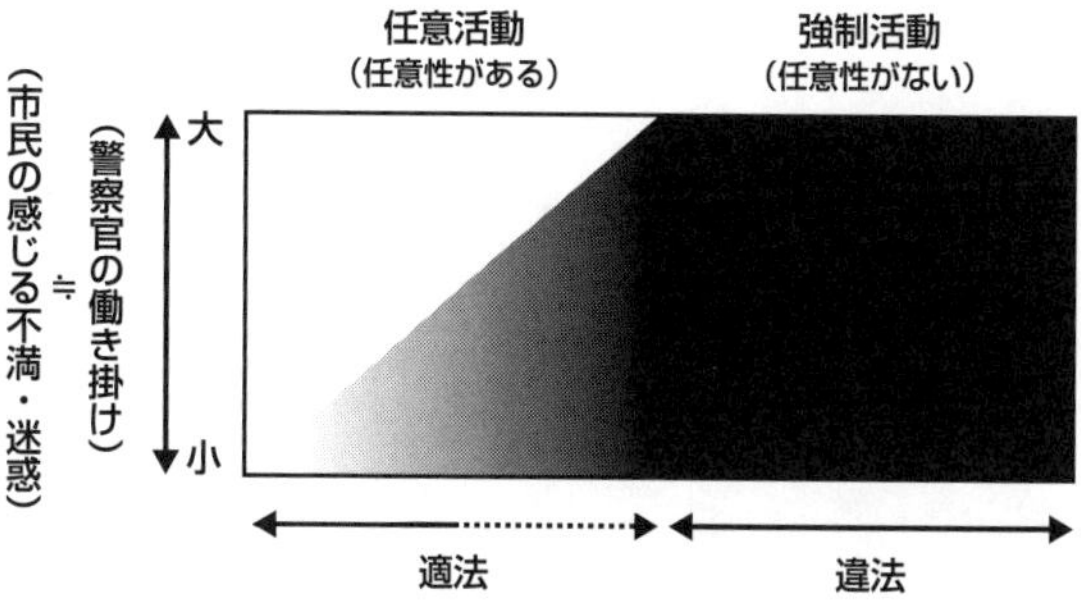

図-1において、黒い部分が〈強制活動〉で即アウト、違法。そうでない部分は〈任意活動〉としてセーフ、適法。そうでない部分の濃淡は、イメージとして『職質にどれだけ不満があるか?』を示すとともに、イメージとして、説得・有形力の行使といった『警察官の押し引きがどれだけあったか?』『警察官の働き掛けがどれだけあったか?』を示しています。押し引き・働き掛けがどんどん濃くなり、つまり強くなり、とうとう真っ黒に至れば、職質において違法な〈強制活動〉として、裁判所に怒られることとなります。

停止・質問に見る〈有形力の行使〉

話がいささか抽象的になってしまいました。そこで、警職法第2条第1項の

『停止させて質問することができる』

なる〈任意活動〉について、どのような〈有形力〉が行使され得るか、もっと具体的に見てみましょう。

総論として、常に先述の判例法の支配を受けるのは既述《きじゅつ》のとおりですが（本書でいう役札《やくふだ》に関するもの。31頁・32頁参照）、各論として例えば、相手《あいて》方《かた》が立ち去ろうとするとき＝歩いて逃げようとするとき、停止のため相手方を『追跡』することは一般に適法です（判例）。具体的には、相手方に並行して歩くことや、相手方に追随《ついずい》すること——要は付《つ》き随《したが》って後を追うこと——が理論的に適法です。

ここで理論的に、と表現したのは、絶対にいつも適法という訳ではなく、『状況』や『常識』からして「それならばやむを得ない」と考えられるときに適法だ、という意味です。職質は1件1件、現場現場で全てその個性が異なりますから（1つとして同じ物語が無い）、行為Aが適法かどうかは、最終的には1件1件ごと、個別具体に考えなければならないのです。行為Aが絶対にいつも適法とか、絶対にいつも違法とかいった、

0か1かのデジタルな判断は、職質ワールドに馴染《なじ》みません。ゆえに、並行して歩くことや追随することが適法かどうかも、常に0～1の間で揺らいでおり、1件1件の個別具体のシチュエーションに左右されます。

そのような意味で、理論的に適法である右の『追跡』——立ち去る者の追っ掛けは、相手方の位置に接近する手段として必要な自然の行為ですので（判例）、まさか強制活動ではなく（判例）、また普通は有形力の行使とも言えません。というのも普通は、触れたりぶつかったりしないのなら、相手方に物理的な実力を用いないからです。心理的にはものすごく嫌でしょうが……

加えて、この『追跡』同様の考え方で、相手方が立ち去ろうとするとき、停止のため相手方の前に『立ち塞《ふさ》がる』ことも理論的に適法です（判例。なお理論的に、に注意）。

しかしこれらの、①並行して歩くこと、②追随すること、③立ち塞がることと比較して、いよいよ〈有形力の行使〉〈一時的な実力の行使〉としての性質が露《あら》わとなってくるのが、

④相手方の腕に手を掛ける
⑤相手方の肩に手を掛ける

⑥相手方の腰をつかむ
⑦相手方の両肩・両襟首《えりくび》をつかむ

といった、『ガチ接触型』の行為です。要は物理的な実力を用いているタイプの行為です（なお、右の全てについて判例が出ています）。

これら④～⑦については、端的《たんてき》には、『走り去ろうとする相手方』『走って逃げようとする相手方』に対して、先の役札《やくふだ》が揃《そろ》ったとき――必要性・緊急性・それらを踏まえた相当性といったあの役札が揃ったとき――飽くまでも『一時的行為』であるときに限り、理論的に適法です（判例）。更に端的《たんてき》には、④～⑦については、

Ⅰ　単に歩き去る者に対して行うのは厳しい
Ⅱ　判例法の要件を厳守しなければならない
Ⅲ　長時間にわたると逮捕＝強制活動になるから、短時間でなければならない

といった、警察官にとっては厳しい縛りが課せられます。しかし裏から言えば、それらの厳しい縛りをクリアできたなら、警察官は④～⑦といった行為を――それが個別具体のシチュエーションにおいて必要なら――躊躇《ちゅうちょ》しない、ということにもなります。

より実務的には、警察官がそれを躊躇しないのは特に、

いったんは停止して質問に応じていた相手方が、急に走って逃げようとしたときです。何故と言って、そのとき相手方の『不審性』は一気に高まり、裁判所も「成《なる》程《ほど》、これは職務質問継続の必要性が高かったですねえ」と納得してくれるからです。加えて、警察官は、そのように納得してくれるであろう裁判所を怒らせないため、物理的な身体接触はできるかぎり最小限にし、また、できるかぎり最短時間とします。

もし職質実施者が優秀な警察官であれば、『トンと触れてパッと離す』『サッと押さえてパッと離す』といった、何と言いますか、タッチ・アンド・ゴーを習性にしていまして、すなわち、走って逃げようとした相手方への『最小限の対処』が終われば、相手方をすぐさまリリースして、状況を最初に戻します。それにより、『短時間』『一時的』の縛りを厳格に守るというか、しっかりアピール・証拠化してしまいます。

なお以上では、〈停止〉に際し『立ち去る』『走り去る』などする相手方への〈有形力の行使〉を概観しましたが、例えば停止を求めた際、『警察官を攻撃する』相手方に対して〈有形力の行使〉をするのは理論的に適法です（判例。市民としても異論無いでしょう）。

――いささか話が小難しくなりましたので、職務質問における『停止』の際の〈有形

図２　「停止」の際の有形力の行使

〈ガチ接触型〉

④ 腕に手を掛ける

相手方が走って逃げようとするとき ＋ 短時間

⑤ 肩に手を掛ける

⑥ 腰をつかむ

それら以外のとき

⑦ 両肩・両襟首をつかむ

力の行使〉について、特に右の①〜⑦について、適法か違法かのアナログな度合い等を、図-2に示します。

〈有形力の行使〉がアウトなとき

本書でいう役札《やくふだ》が揃《そろ》っていないときはアウトですが（判例）、それに絡《から》み、裁判所は『バランス』も重視します。具体的には、職務質問を継続するメリットと、相手方《あいてかた》が被《こうむ》るデメリットの『バランス』を重視します（職務質問を断念するデメリットと、相手方が享受《きょうじゅ》するメリットの『バランス』とも言えますが、同じことです）。

これを言い換えれば、どれだけの／どのような〈有形力の行使〉が認められるかは、

A　相手方の不審性がどれだけあるか？

B　疑われている犯罪がどれだけ重大なものか？

C　相手方の権利・自由を保護する必要性がどれだけあるか？

といったことについて、『警察官と相手方それぞれのメリット・デメリット』のバランスが常に考慮され、イザそのバランスが崩れているとなれば、有形力の行使はアウトとされると、こういうことになります。

より具体的には、これまでの実例を概観すると、相手方《あいてかた》に対する次のような『バランスの崩れた』行為がアウト・違法とされています（判例）。

⑧首筋をつかむ＋ズボンの後ろをベルトと一緒に持つ
⑨後ろから抱きとめて転倒させる
⑩数人掛かりで執拗《しつよう》かつ強力に押さえ付ける
⑪両手に手錠を掛け、両側から両脇を抱える
⑫3名の警察官が立ち去るのを制止する＋執拗《しつよう》に元の場所に戻そうとする＋体に触れる

……イメージとしては、『相手方の身体の自由を直接制圧するタイプの行為』『拘束に至る行為』が違法とされると言えますが、それはむしろ当然です。職質は任意活動であって強制活動ではないからです。重ねて、有形力の行使があったとしても任意活動です（判例）。それなのに、『身体の自由の直接制圧』『拘束』まで行ってしまえば、それは既に『逮捕』という強制活動になってしまいます。アウト・違法になるのは当然です。

実際、⑧～⑫のような行為があれば（全ての物語は1件1件違いますので、1件1件ごと個別の判断が必要です）、裁判所も「ああ……それはもう『有形力の行使』じゃな

くってもろ『逮捕』ですよね。まったく、デタラメやらないでくださいよ!!」と判断し、もちろん違法とし、「そんな活動で獲《え》られた証拠は一切認めませんよ!!」「もうガチ逮捕なんですから、急いで必要な手続をやり直さないと、その後の身柄拘束は認めませんよ!!」「いえ、やり直しても認めるとは限りませんけど!!」等々と怒ります。

やり直しを認めてくれるかどうかは、それもまた1件1件ごとの判断ですが……――ここも話が小難しくなりましたので、イザ〈有形力の行使〉がアウトとなる場合について、特に右の⑧～⑫の場合について、何故それが違法とされるかの裁判所の考え方を、図-3に示します。

『質問』における『有形力の行使』？

これまでは、例えば『走って逃げようとした相手方への実力行使』といった、『停止させる』という権限の行使に伴う〈有形力の行使〉を見てきました。

しかし、警職法第2条第1項に規定する警察官の権限は、『停止させて質問することができる』です。そうすると、『質問することができる』について、果たして〈有形力の行使〉ができるのでしょうか……？

結論から言うと、できません。

というのも、警職法がそれを明文で禁じているからです。

すなわち、警職法第２条第３項が（これまでは第１項しか見てきませんでした）、

（質問）
第２条
３　前２項に規定する者は、刑事訴訟に関する法律の規定によらない限り、身柄を拘束され、又はその意に反して警察署、派出所若しくは駐在所に連行され、若しくは答弁を強要されることはない。

と規定していますので、先に見た第１項に規定する〈不審者〉〈参考人的立場の者〉のいずれも、質問に対する『答弁を強要されることはない』のです。

無論、停止してほしい旨《むね》説得することが適法であるように、「質問に答えてください」という旨《むね》を説得することも適法ですが、しかしその説得をする目的で〈有形力の行使〉

図３ 「停止」の際の有形力の行使（違法）

⑧ 首筋をつかむ＋ズボンの後ろをベルトと一緒に持つ

⑨ 後ろから抱きとめて転倒させる

⑩ 数人掛かりで執拗かつ強力に押さえ付ける

⑪ 両手に手錠を掛け、両側から両脇を抱える

⑫ ３名の警察官が立ち去るのを制止する ＋
執拗に元の場所に戻そうとする ＋ 体に触れる

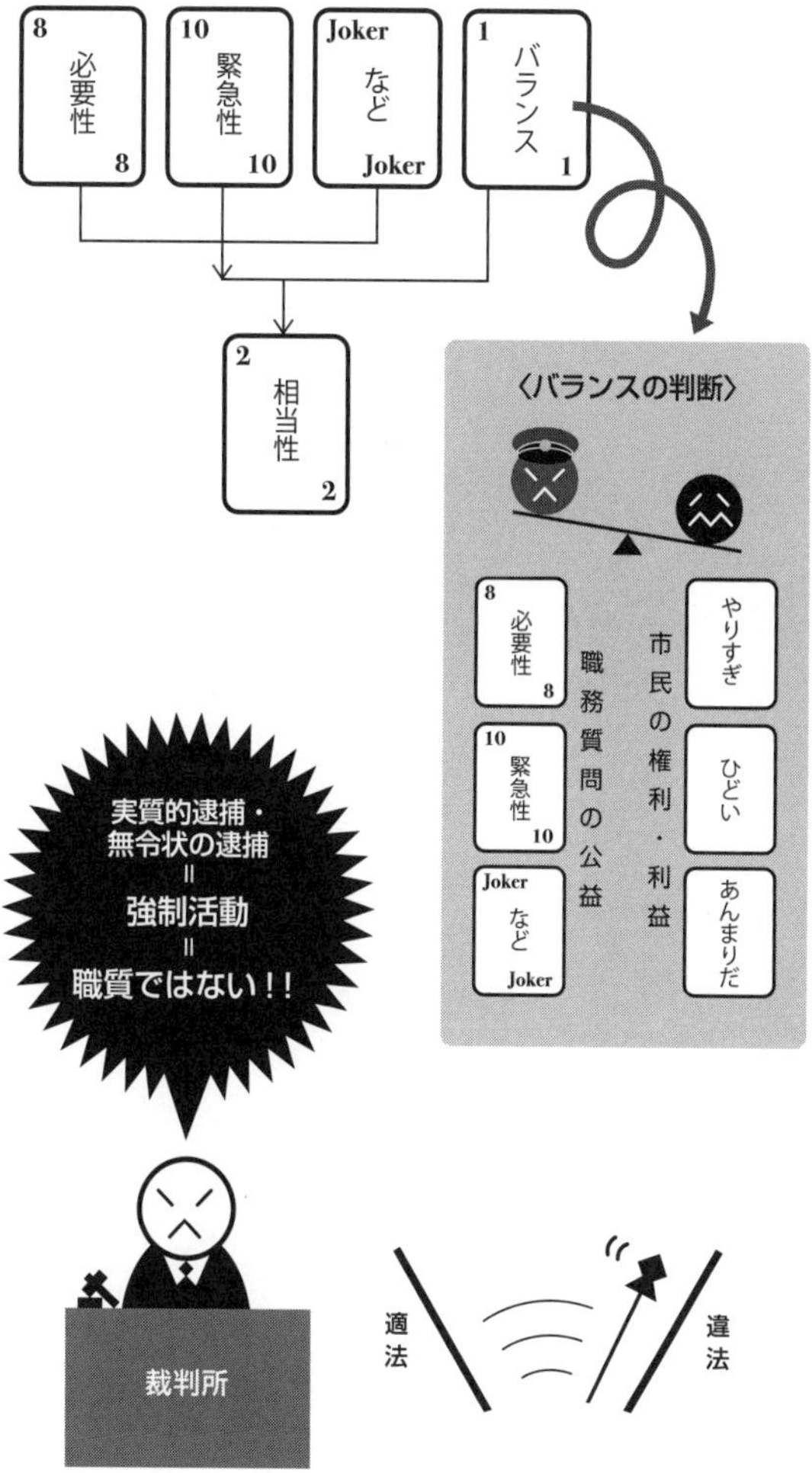
8 必要性 8
10 緊急性 10
Joker など Joker
1 バランス 1
2 相当性 2
〈バランスの判断〉
8 必要性 8
10 緊急性 10
Joker など Joker
職務質問の公益
市民の権利・利益
やりすぎ
ひどい
あんまりだ
実質的逮捕・
無令状の逮捕
＝
強制活動
＝
職質ではない！！
裁判所
適法
違法

をするのは、違法というか論外です。極端に威圧的になること、極端に執拗《しつよう》となること
もまた論外。「質問に答えなければ逮捕するぞ」等の発言も心理的強制で、やはり論外
です。

……しかし、このことは、『質問のプロセスにおいて、有形力の行使が一切できない』ことを意味しません。例えば、左のような行為は理論的に認められます（判例。なお理論的に、の意味について34頁参照）。

①相手方《あいてかた》以外の第三者が妨害をしてきたときの、妨害の排除（職質現場にいるのは、警察官1に相手方1とは限りませんよね）

②相手方が証拠品となりそうな物を破壊しようとしたときの、破壊の制止（例えば、水溶紙《すいようし》を水に投じる行為の制止や、薬物様《よう》のものが入っていると疑われる小袋の嚥下《えんか》を制止し吐き出させる行為）

③相手方の注射痕《ちゅうしゃこん》や手錠痕《てじょうこん》を確認するための、袖《そで》を上げるよう求める行為（時に、袖を若干上げる行為）

④相手方からいったん物を預かったときの、預《あずか》り行為の継続（相手方が返却を求めたとしても、一時的に預かった状態のまま質問を継続できる）

――以上、『質問』に関連する有形力の行使についてザッと見ました。

そしてこれで、『停止』『質問』『有形力の行使』についてザッと見たことになります。

要は警察官の権限、裏から言えば市民が受け得るデメリットについて概観しました。

なら、市民が職質によって受け得るデメリットはそれだけか――というと、残念ながらそうではありません。大きく言ってあと2つ、重要なポイントが残っています。

それは〈所持品検査〉と〈同行要求〉です。次項以下、これらについてザッと見ます。

所持品検査の法的根拠は？

では、所持品検査の根拠条文を見てみましょう。

印刷ミスではありません。職務質問に伴って平然と行われる〈所持品検査〉ですが、実は明文の根拠を持ちません。

警職法には、〈所持品検査〉についての規定はまるでありません。

といって、警察が恣意的《しいてき》に「任意だから」「任意だから」と勝手気儘《かってきまま》に実施している訳でもありません。

〈所持品検査〉の根拠は、全て判例法です（よって本節には「（判例）」という文末がありません。ルールは全て判例なので……）。

このあたりも、警職法が昭和23年に施行《せこう》された、超古典的な法律であるがゆえの難所です。しかし最高裁が真正面から〈所持品検査〉を認めた上、既に40年以上にわたり、膨大《ぼうだい》な判例の蓄積ができてしまいました。したがいまして、我が国で革命でも起こらないかぎり、〈所持品検査〉そのものが違法とされあるいは廃止されることはないでしょう。

さて、そもそも最高裁が認めた〈所持品検査〉とは何かというと、それは――

Ⅰ　職務質問に付随《ふずい》する不審点解明の手段として

Ⅱ　職務質問の相手方《あいてかた》の承諾を得て

Ⅲ　職務質問の相手方の所持品を調べる行為

のことです。

Ⅲの『調べる』は、具体的状況により、①相手方に提示・開示させる場合も、②警察官が荷を開くなどする場合もあり、特に後者の場合、その適法性が激しく争われることもあります（重ねて、職質ワールドは0〜1のアナログゆえ、『警察官が荷を開いたら必ずアウト』とか、『相手方が出してきたら必ずセーフ』とか、そのように白黒ハッキリ付けられません。全ては、1件1件事情が異なる、個別具体のシチュエーションに左右されます）。

承諾を得て行う〈所持品検査〉のセーフ／アウト

ここで、職務質問が『任意活動』である以上、それに『付随《ふずい》』する所持品検査もまた、任意活動です（付随云々《うんぬん》は、右のとおり最高裁の言葉です）。

よって所持品検査の大原則は、右のⅡのとおり、『相手方《あいてかた》の承諾を得る』ことです。

無論、職質ワールドですから、この『承諾』もデジタルでなく、アナログな概念です。

例えば「勝手にしろ」との発言があったとき、これは『承諾アリのセーフ』にも、『承諾ナシのアウト』にもなり得ます（!!）。更に言えば、警察官が承諾を得るための

『説得』をするとき、その説得がセーフかアウトかもまたアナログです。全ては、個別具体のシチュエーションに左右されます（職質が紛議《ふんぎ》のタネをたくさん内包している訳です……）。

とまれ、『相手方の承諾を得た』とき、相手方は自分の所持品を自ら提出するでしょう。何と言っても、既に承諾しているのですから。

ゆえに難しい議論を措《お》けば、この『承諾を得て行う場合』＝『自ら提出する場合』は理論上、適法とされます。

他方で、『承諾』もアナログな概念ですので、無限のバリエーションがあり、中には「どうぞ勝手に開けてくれ」「アンタが勝手に見ればいい」というパターンもあります。要は、『自ら提出する場合』でない承諾もある。

するとこのとき警察官としては、「なるほど承諾は得たのだから、開けて見てしまおう」と、自ら鞄《かばん》だのバッグだのポーチだのリュックだのを開き、探り、中身を1点1点採り出したくなりますが……

……しかしこれは、必ずしも違法ではないものの、アナログな針がググッと違法の方向へ傾きます。すなわち、警察官が自ら荷を開け＋探るなどするときは、たとえ相手方の承諾があろうとも、『よほどの必要性がなければダメ‼』（＝よほどの必要性があれば特別に許されるかも）とされています。

まして、仮に相手方の承諾があったとして、警察官が相手方の服のポケット等に手を入れて中を探る＋中身を取り出すといった行為は、アナログな針がほぼ違法に接します。ほぼ、というのは、裁判所がこれを要旨《ようし》「相当な手順は尽くしているし、どうしても行う必要がある例外的なケースだったね……」として適法と判断した例もあるからです。

しかしながら、通常人・常識人であれば、自分の服のポケットをまさぐられることを『承諾』などしないでしょう。私もまさか承諾しません。するとやはり右のような『ポケット突っ込み型』が適法とされるのは、かなり例外的なシチュエーションに限られるでしょう。

――右の、承諾を得て行う所持品検査において、どのようなスタイルがどのような感じで適法なのか／違法なのか、そのアナログな度合い等を、図‐４に示します。

承諾なしに行う〈所持品検査〉なんて許されるのか⁉

最高裁は、〈所持品検査〉とは『相手方の承諾を得て行うもの』と位置付けています

図４　承諾を得て行う所持品検査

から（48頁参照）、承諾なしに行う所持品検査は『純度100％』の違法ではないか——と考えるのが自然です。いえそもそも、例えば『承諾なしに鞄《かばん》を開けて中身を調べる』となれば、それはTVや映画でもお馴染《なじ》みのガサ、〈捜索〉であって強制活動です。むろん、所持品検査は強制にわたってはならないはずです……

……ところが。

ここでもまた、職質ワールドのアナログさが発揮されます。

すなわち、承諾ナシの所持品検査であっても、『純度100％』の違法ではないのです。

言い換えれば、極めて例外的な場合であれば、適法とされる余地があるのです。

それを最高裁自身がハッキリ認めました。

……市民からすれば、なんと物騒《ぶっそう》な、と感じられる制度・姿勢・態度ですが。

しかしながら、最高裁がこの『承諾なしに行う所持品検査』を例外的に認めたのは、とある銀行強盗事件を受けてのことであり、更には、その凶悪性・悪質性を受けてのことでした。御参考までに、事案の概要を紹介します。

当該《とうがい》事案においては、極左暴力集団の——いわゆる過激派の——構成員らが、『革命資金』調達のため、猟銃とナイフとで銀行強盗を行い、600万円を強奪して逃走したのです（なお、1971年における600万円です……）。ただ警察にとって幸いなことに、その10分後、緊急配備中の警察官が、当該《とうがい》極左の構成員らに対し職質を掛けることに成功したのですが……もちろん完全拒否。その所持していた『バッグ』と『アタッシェ』の所持品検査についても、もちろん完全拒否。関係警察官は、1時間半ほど職務質問と所持品検査に応じるよう説得を続けましたが、やはり完全拒否。そこで関係警察官が、とうとう承諾のないまま当該《とうがい》バッグのファスナーを開けると、バッグに大量の紙幣が入っているのが見えました。よって続けて、承諾のないまま当該《とうがい》アタッシェをドライバーでこじ開けると、やはり大量の紙幣と、被害に遭《あ》った銀行の帯封《おびふう》とが見えました。したがって、当該極左の構成員らは強盗等の犯人として緊急逮捕された――というのが事案のあらましです。

　最高裁としてはきっと、承諾ナシの所持品検査など、認めたくはなかったでしょう（そもそも所持品検査には根拠条文すらありません……）。しかしながら、右のあらまし、本書でいう1件1件のシチュエーションを踏まえれば、関係警察官の措置を「違法!!」と断ずるには、きっと躊躇《ちゅうちょ》を感じたでしょう。

そこで最高裁は、極めて例外的な場合において、また、極めて厳格な要件の下、大意《たいい》「承諾なしに行う所持品検査であっても、ギリギリセーフとなる場合がある……」旨《むね》の判断をしました。それをもう少し詳細に見れば、次のようなルールになります。

Ⅰ　所持品検査が相手方の承諾を要するのは大原則である（論ずるまでもないこと）
Ⅱ　所持品検査は『捜索』に至ってはならない
Ⅲ　所持品検査は『強制』にわたってはならない
Ⅳ　所持品検査は『適法』な職務質問に付随《ふずい》しなければならない
Ⅴ　所持品検査は『不審点の解明』『凶器の有無の解明』に必要でなければならない
Ⅵ　しかしながら、Ⅱ～Ⅴを守るのであれば、
　ⅰ所持品検査の『必要性』を考慮し
　ⅱ所持品検査の『緊急性』を考慮し
　ⅲ所持品検査の『メリット』と相手方の『デメリット』のバランスを考慮し
　ⅳ具体的状況の下で、『相当』と認められる限度であるのなら
　Ⅰの大原則の例外として、承諾なしに行う所持品検査も、例外的に許される

どこかで聴いたような〈役札《やくふだ》〉の話ですね。また出てきました。

警察官は職質においては、本当にこの『必要性、緊急性、具体的状況の下で相当……』等々の〈役札〉に苦しめられます。暗記しなければならないのは当然ですが、職務質問・所持品検査の主体は『警察官』すなわち自分個人なので（警察署長でも警察本部長でも公安委員会でもなく、自分という個人なので）、イザというとき、自分個人がギリギリの、具体的判断を迫られるからです。

……とはいえ実務上、このような、白刃《はくじん》あるいは薄氷《はくひょう》を踏むリスキーな行為を敢えてする警察官はほとんどいないでしょう。仮にいたとして、右のような極めて切羽《せっぱ》詰《つ》まった、万《ばん》やむを得ないシチュエーションに遭遇したときにしか、実行に踏み切らないでしょう。

とはいえ、それがどこまでリスキーかも、やはり職質ワールドゆえ、アナログです。

というのも、『承諾ナシの所持品検査』と言ったところで、例えば、承諾を得ずにポケットを上から触ってみるだけなら、アナログの針はグッと適法に近付くからです（ポケットに手を突っ込むとなると、グッと違法に振れますが……）。まして、その『上からお触り』が、凶器の有無・危険物の有無を確認するためであるのなら、それは相手方も含めた関係者全員の安全のため必要ですから、アナログの針がほぼ適法に接します。

他方で、承諾を得ずにバッグを開けて＋中を見るのは、シチュエーションによりますが、アナログの針はより違法に近付きます。まして、承諾を得ずにバッグ・着衣に手を突っ込み＋在中品を採り出すとなると……それはもう強制活動＝『捜索』であるおそれが濃厚ですので、アナログの針がほぼ違法に接します。加えて、完全に違法なのは、承諾を得ずに鞄《かばん》等の鍵を破壊することです（それはもろ『捜索』で、強制活動です）。

――右の、承諾なしに行う所持品検査において、どのようなスタイルがどのような感じで適法なのか／違法なのか、そのアナログな度合い等を、図‐5に示します。

所持品検査と〈有形力の行使〉

『上からお触り』『勝手に開けちゃう』『鍵を壊す』等々について見ましたが、それでは所持品検査において、相手方に＝人間に、先の〈有形力の行使〉＝〈一時的な実力の行使〉を行うことはできるのでしょうか？

――具体的なシチュエーションで検討しましょう。

図５　承諾なしに行う所持品検査

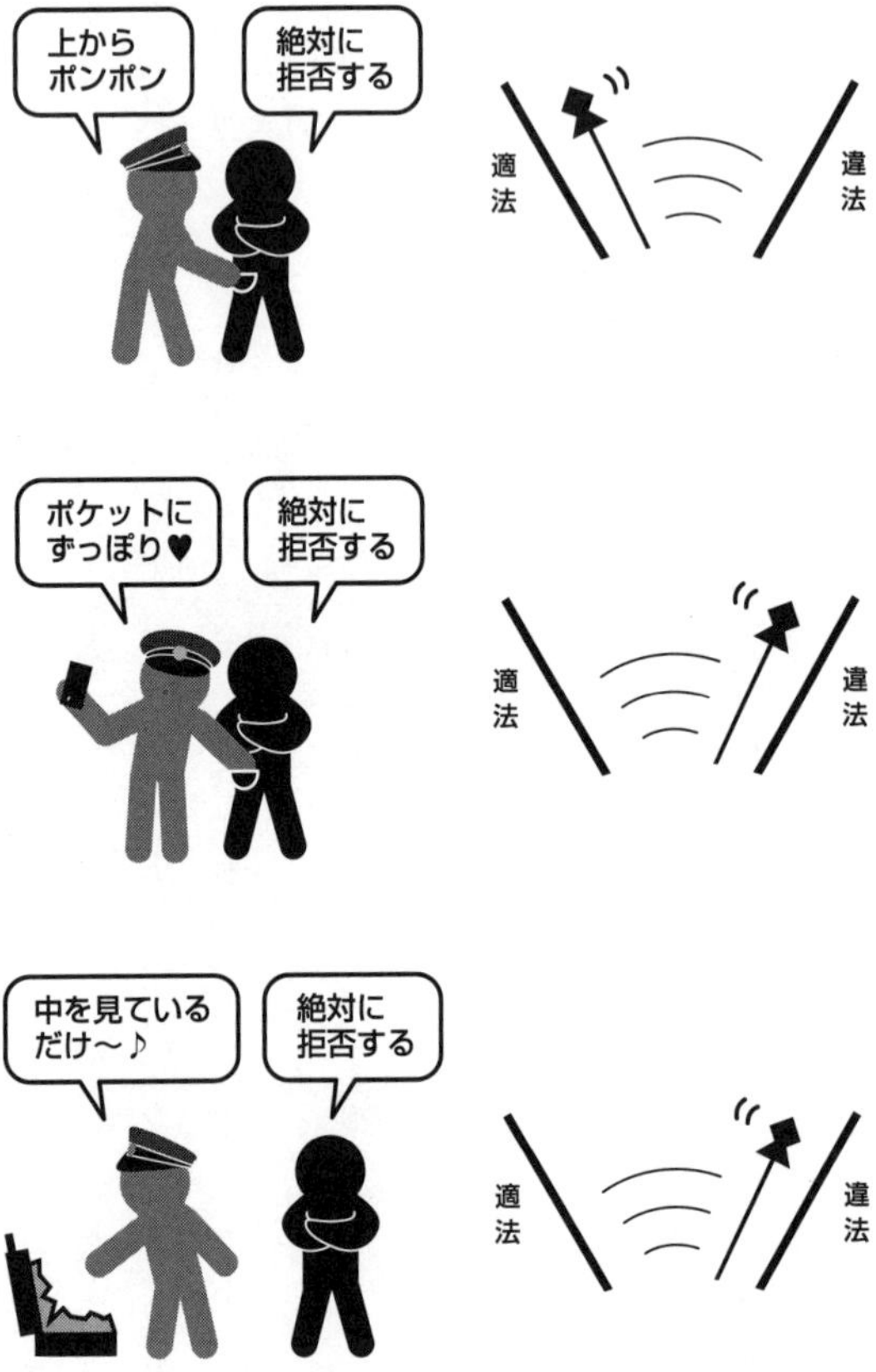

出しただけ〜
絶対に拒否する
適法
違法

鍵を壊しただけ〜
絶対に拒否する
適法
違法

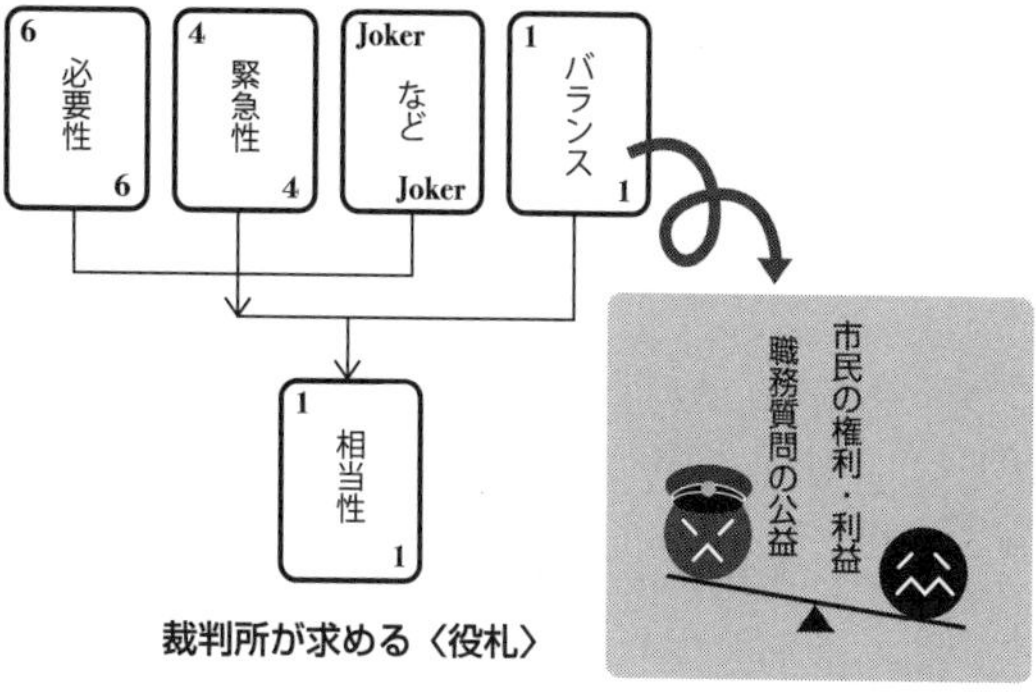
6 必要性 6
4 緊急性 4
Joker など Joker
1 バランス 1
1 相当性 1
裁判所が求める〈役札〉
市民の権利・利益
職務質問の公益

例えば、①相手方《あいてかた》がどうしてもポケットから手を出さなかったり、②どうしても握《にぎ》り拳《こぶし》を開かなかったり、③鞄《かばん》を強く押さえ付けていたり、はたまた、④証拠品をサッと捨てたりいきなり破壊したり隙《すき》を見て隠匿《いんとく》したりしようとしたとき。こうしたとき、警察官は相手方に――というか相手方の身体に、〈有形力の行使〉ができるのでしょうか？裏から言えば、市民としてはそれも甘受《かんじゅ》しなければならないのでしょうか？

――結論としては、④の『証拠品』をどうこうしようとしたときは、〈有形力の行使〉を甘受しなければならない場合が多いです。このとき警察官としては、手をつかんで制止すること、足を押さえて制止すること、鼻を摘《つ》まんで制止すること、あるいは時に相手方を押さえ付けて制止すること等ができ、アナログの針はかなり適法に近付きます。というのも、制止行為だけなら相手方へのデメリットは小さいですし、そこまで焦ってどうこうしようとする『証拠品』を保全する必要性・緊急性が高いからです。

他方で、『証拠品』に直ちに関係ない、①②③のようなケースにおいて、例えば相手方の握り拳を実力で開かせたり（指をこじ開けたり）、相手方がポケットに入れたままの手を実力で引き抜いたり、相手方を実力で押し退《の》けてその押さえ付けていた荷を回収したりするのは……アナログの針がかなり違法に近付きます。というのも、このときの警察官の行為はほぼ既に『実力で所持品を奪い取る』『無理矢理プライバシーを侵す』ものですし、そもそもそれ以前に、『説得』というステージを充分に踏むべきだからです。

――右の、所持品検査における相手方への〈有形力の行使〉について、どのようなスタイルがどのような感じで適法なのか／違法なのか、そのアナログな度合い等を、図-6に示します。

所持品検査（まとめ）

以上、職務質問にほぼ必ず付随《ふずい》するであろう、〈所持品検査〉について概観しました。

しかし読者の方は無論、これが違法でこれが適法で……といった枝葉末節《しようまっせつ》にこだわる必要などありません。所持品検査の根拠、所持品検査の大まかなパターン、そして

Ⅰ　意外にも警察官の手足は縛られていること

Ⅱ　何気なくやっているようで、判例による足枷《あしかせ》が大きいこと

Ⅲ　ある所持品検査が違法かどうかは、アナログであり個別具体の判断によること

図６　所持品検査における「人」への有形力の行使

といった大枠を、ザックリ御理解いただければ充分だと思います。

そしてここまでで、『停止』『質問』『有形力の行使』『所持品検査』という警察官の権限を見終えました。

職質に関しては、重要な権限はいよいよあと１つ――『同行要求』となります。

「こんな道端《みちばた》じゃあ危ないから」（同行要求）

駅周辺、繁華街《はんかがい》、交通の要所《ようしょ》、交番の近くといった『街頭』における職務質問を目撃したことのある方《かた》は、決して少なくないと思います。そのとき、それが一見して平穏に行われている場合もあれば、一見して不穏に行われている場合もあるでしょう。いえ、それが一見して派手なトラブル・紛議《ふんぎ》となっている場合も、私自身しばしば目撃しますので、稀《まれ》なケースとは言えません。

いずれの場合においても、警察官に実際に質問等されているその人の立場を思い遣ったとき、まあその、いささかの野次馬根性とともに、とてもお気の毒な気持ちを感じるのではないかと思います。公衆の面前で、制服の警察官に『絡《から》まれて』いる以上、どうしても「何があったんだ？」「何をやったんだろう？」という興味・疑問を抱いてしまいますから。

まして、実際に職質を受けたことがある方御本人《かた》としては、それが無人の夜道の暗がりで行われたのなら別論、白昼堂々《はくちゅうどうどう》と衆人環視《しゅうじんかんし》の中で行われたとすれば、一定の『不快』『恥ずかしさ』『憤り《いきどお》』をお感じになったでしょう。堅い言葉で言えば、『名誉の感情』『プライバシー』を傷付けられたとお感じになったでしょう。

ここで、もちろん警察官としては、職務質問により不審点を解明したいだけであって、まさか職務質問により市民を侮辱したい訳でも晒《さら》し者《もの》にしたい訳でもありません。そもそも相手方《あいてかた》の市民を怒らせてしまっては失敗です。市民・警察官双方に、無駄で余計なコストが掛かるからです。

したがって、このような、市民の『不利』を解消する必要が生じます。

――加えて、職務質問に伴う市民の『不利』は、そのようなものだけではありません。端的《たんてき》には、雨や雪が降っているときや、風が強いとき。はたまた、警察官との会話を開始した現場が、自動車・自転車の交通量のやたら多い場所であったとき（前述の『衆人環視』も、人の交通量がやたら多いと言い換えられます）。

こうしたとき、どこまでも任意活動である職務質問に任意に協力する市民としては、厄介《やっかい》である、面倒である、危険である、だから嫌だ——と思う度合いが強くなるでしょう。それは警察官にとっても望ましくありません。そうした『不利』が無かったなら得られたであろう任意の協力が、得られ難《にく》くなるからです。まして市民がびしょ濡れになるとか、果ては交通事故に遭《あ》ってしまうとか、そんなことは望んでもいないし絶対に避けたい所です。

そこで警職法第2条は、そうした『不利』を解決するため、〈同行要求〉という権限について定めています。条文を見てみましょう。

（質問）
第2条
2　その場で前項の質問をすることが本人に対して不利であり、又は交通の妨害になると認められる場合においては、質問するため、その者に附近の警察署、派出所又は駐在所に同行することを求めることができる。
3　前2項に規定する者は、刑事訴訟に関する法律の規定によらない限り、身柄を拘束され、又はその意に反して警察署、派出所若しくは駐在所に連行され、若しくは答弁を強要されることはない。

関係するのは、警職法第2条の第2項・第3項です。

第2項に規定する『前項の質問』というのは、散々《さんざん》検討してきた職務質問のこと。第3項が規定しているのは、シンプルに言い換えれば、刑訴法の規定に基づいて逮捕をされるのでなければ、〈同行要求〉に応じる必要はないということ。更に言い換えれば、〈同行要求〉はどこまでも任意活動であって、逮捕という強制活動ではないということです。職務質問も任意活動、それに付随《ふずい》する所持品検査も任意活動、職務質問のための同行要求もまた任意活動——という訳です（場所を移動することや、そのお願いをすることが活動の性質を変えるはずもありませんので、当然と言えば当然ですが）。

同行要求と任意同行

警職法第2条第2項の『……同行することを求めることができる』というその要求が、実務上〈同行要求〉と呼ばれる警察官の権限となります。なお同項の『本人に対して不利であり、又は交通の妨害になると認められる場合』については、先に検討したとおりです。

そして、この警察官による〈同行要求〉に応じてくれた相手《あいて》方《かた》を、実際に警察署等にお招きすることを〈任意同行〉といいます。実務でいう任同《ニンドウ》です。求めることが同行要求、お連れすることが任意同行です（といって実務的には、『職質を掛ける』と同じようなニュアンスで、『任同《ニンドウ》を掛ける』という言い回しをすることもあります）。

――なお、任同《ニンドウ》にはこの『警職法に規定する任同《ニンドウ》』と〈職質の為《ため》のものゆえ、そのほとんどが制服警察官によって行われます〉、あと『刑事訴訟法に規定する任同《ニンドウ》』がありまして――後者はTV・映画そのものの、私服刑事が朝イチでピンポンと玄関前に来て、警察手帳《くろパス》を見せながら「誰某《だれぼう》さんですか。何処其処《どこそこ》であった○○事件についてお話を伺《うかが》いたいことがありますんで、ちょっと警察署まで御足労《ごそくろう》願えますかね……」などと笑うか凄《すご》むかする奴ですが――それら2つの任同《ニンドウ》は理論的・法律的には別物とされます。実際的・実務的には、あまり区別の実益はないとされます。

とまれ、警職法に規定する職質のための〈同行要求〉↓〈任意同行〉という流れについて、条文は『附近《ふきん》の警察署、派出所又は駐在所に』同行することを求めることができる、と規定しています（なお派出所とは交番のことです）。そう規定していますが……

しかし実務上、同行先の場所は、何も警察署・交番・駐在所に限定されません。

それ以外の同行先として活用頻度《ひんど》が高いのはPC《パトカー》内ですが、更にPCに限られず、交通の安全が確保された空き地とか、雨露《あめつゆ》をしのげる建物内とか、その職質に関係した犯罪の現場とか……要は職質の実施に必要で、社会常識として問題がないのであれば（＝相当であるのなら）、特段の場所的限定はありません。そのような、警察署・交番・駐在所以外への任意同行も全く適法とされます。

法律が警察署・交番・駐在所と限定列挙しているのに変だ——とも感じられましょうし、私自身不勉強で、これが適法となる根拠を調べられなかったのですが、思うに、

①そもそも職務質問を行い得る場所についての限定は存在しない（法律上、どこで開始してもよい）

②どこで開始してもよいなら、どこで継続しても（必要で相当なら）よい

③例えば警察署・交番・駐在所が職質実施場所から遠いときは、かえって相手方への『不利』が大きくなる（もちろん目の前が交番なら、素直に交番に行くべきですが）

といった理由が考えられます。そもそも相手方が立ち去ろうとするときは、警察官も『追随《ついずい》』しますしそれは適法ですから（判例。34頁参照）、刻々と場所は変わってしまいますよね。

どのみち、同行先に限定がない旨《むね》は、定着しており動きません。

再び〈任意〉の問題

――職務質問は任意活動。所持品検査も任意活動。そしてこの、同行要求も任意活動。

これをお読みになったとき、「あっ、また同じ議論が出るな……」とウンザリされた方《かた》もおられるのではないでしょうか。そうです。また同じ議論が出ます。

すなわち、職質ワールドの『アナログ性』の問題です。

〈同行要求〉における承諾のアナログ性

〈同行要求〉は飽くまで任意活動ですから、相手方《あいてかた》の任意の『承諾』を必要とします。

しかし――というか既に無論（？）――この『承諾』もアナログな概念です。

よって、「かまいませんよ!!」という完全承諾の場合もあるでしょうし、「そこまで言うなら……」という揺らいだ承諾も、「ふん、勝手にしろ」という不満足な承諾もあるでしょう。まして極論、『無言のまま抵抗せずに付いて行く』なる、明示の承諾が無い場合も想定できます（アナログな概念ですから、無限のバリエーションがあります）。

　いずれにしろ、そう不満足であろうと渋々であろうと嫌々であろうと、相手《あいて》方《かた》が応じてくれたのなら、それらは全て『承諾』です。よってその後の任意同行は、承諾を得て行われた任意性のあるものとされます。なお右の『無言のまま抵抗せずに付いて行く』パターンについてもやはり、『承諾』があったことになります（判例。いわゆる『黙示《もくじ》の承諾』と呼ばれるスタイルになります）。

〈同行要求〉における説得のアナログ性

　さて、最初から完全承諾である場合以外は、職質ワールドの定石《じょうせき》として当然、警察官による『説得』がなされることでしょう。これは所持品検査等の場合と同様ですが、しかし〈同行要求〉〈任意同行〉は……何と言いますか……説得を受ける相手方からすれば、「身柄を警察の支配エリアに置かれる!!」恐れを感じるものでしょうから、時に『場所の移動』について、駆け引き・押し引き・丁々発止《ちょうちょうはっし》のやりとりが展開されることになります（それはそうです）。また警察官としても、次節で述べる〈有形力の行使〉に関連し、その前提・前段階として、言葉による充分な説得を尽くすことが必要とされます（判例。それもそうです。任意活動ですから）。

そしてこの警察官による『説得』も、正確にはそれが違法か適法かも、アナログな判断、個別具体のシチュエーションに応じた1件1件の判断となります。

ただし『説得』において嘘を吐く・騙《だま》すのはアウト・違法ですし（判例。『偽計《ぎけい》』『詐《さ》術《じゅつ》』だと怒られます）、同行要求の目的を誤魔化《ごまか》すのも、アナログの針がやや違法に傾きます。同行要求の理由・目的を告げる義務は警察官にはありませんが（判例）、しかし例えば『本当は覚醒剤を出させたいのに、交通違反を理由として告げて同行要求する』『本当は犯罪の嫌疑を解明したいのに、落とし物の手続のために来てくれと告げて同行要求する』みたいな誤魔化《ごまか》しをすると、その同行要求の適法／違法はバクチになります（判例）。

なお当然のことですが、『説得』が脅迫・強要に当たるとすれば即アウト・違法です。

説得時間、6時間40分⁉

……しかしながら。

〈任意同行〉のための『説得』に関し、実際の場面で頻繁《ひんぱん》に問題となるのは、とりわけ、、、、説得時間です。

そもそもこの『説得』は、当初は承諾をしてくれない相手方に対して行うもの。

要は、拒否を翻意《ほんい》してもらうため行うもの。

ところが〈任意同行〉は、先に述べた「身柄を警察の支配エリアに置かれる‼」という恐れを生じさせますし、ましてや相手方《あいてかた》がまさに犯罪者であったときは（泥棒さんだとか、覚醒剤を隠しておられるとか、何らかの罪で逮捕状が出ている人とか……）、「ここで身柄を移されては終わりだ‼」と決死の覚悟をして抵抗をするでしょう。要は、梃子《てこ》でも現場を動かないでしょう。

徒歩・自転車の相手方でもそうですが、しかしとりわけ事態が『長期戦』となるのは、自動車に乗っている相手方を『説得』する場合です。それはそうです。相手方としては『籠城戦《ろうじょうせん》』を戦う決意をしていますし、現に閉じこもれる『城』はあるのですから。

かくて警察官は、車から出るよう、同行要求に応じるよう延々と『説得』を続けることなりますが、それが1時間2時間に及ぶことなどザラにあります。いやもっと長期化することも稀《まれ》ではありません。

　このようなケースを実務上、また俗語でも〈亀《かめ》の子《こ》事案〉〈亀の子戦術〉といいます。亀の子事案の法律的な問題点は無論、①職質の相手方としては完全拒否して現場離脱したいのに、②職質警察官としては絶対にそれを許す訳にはゆかないことです。言い換えれば、①′相手方の権利利益である『移動の自由』『職質拒否の自由』と、②′警察官・社会の公益である『説得の継続』『不審性の解明』とが正面衝突することです。

　そして重ねて、職質も任同《ニンドウ》も飽くまで任意活動。その任意活動で『説得』をするのは一般に適法ですが、しかし〈亀の子事案〉において、『説得』として相手方を何時間も閉じ込めて移動させないというのは――実務上〈留め置く〉〈留《と》め置《お》き〉といいます、まさか〈逮捕〉ではないので――それは既に任意活動とは言えないのではないでしょうか？

　……これについても、解決なり判断なりは、アナログになります。

　すなわち、『2時間なら適法』『5時間なら違法』といった、デジタルな考え方は採れません。飽くまで、1件1件事情が異なる、個別具体のシチュエーションに左右されます。

そして一般論としては、必要性、緊急性といったいつもの〈役札《やくふだ》〉から判断して（31頁・図3参照）、説得が『著しく長時間に及ぶ』と認められるときは、アナログの針がどんどん違法に傾きます。

しかし具体論としては（職質の『アナログ性』の、実に象徴的で解りやすい例ですが）、結論だけを見てしまえば、

A事案　約3時間半の留め置き…………違法×
B事案　約4時間の留め置き…………適法○
C事案　約4時間の留め置き…………適法○
D事案　約6時間半の留め置き…………違法×
E事案　約6時間40分の留め置き…………適法○

等々となっており（判例）……混乱しますよね……結局、『どれくらいなら留め置いてよいのか？』『違法となる長時間とはどれほどか？』を定量的に・デジタルに決めることはできない、ということが解ります。これは、警察学校の巡査生徒も混乱します。丸暗記ができませんので。

——もっとも、ここ10年強の判例と学問の展開により、長時間の留め置きをしたとしても、アナログの針を『グッと適法に振らせる』方法が示されてきています。

それは端的《たんてき》には、『強制捜査への移行をとっとと進める』ことです。

言い換えれば、もし長期戦が予想されるのなら、『いつまでも任意活動である職質・所持品検査・任意同行にこだわっていないで、とっとと裁判官に令状請求をし、御札《おふだ》を取って強制捜査にしてしまいなさい』ということです。

するとどうなるか。
①関係警察官がイザ令状請求準備を始め、それを相手方に告げるなどしたなら、②それ以降は『強制手続への移行段階』なる新ステージに切り換わり、③この新ステージにおける留め置きは、それまでとは性質が違うので適法である——とするのが（かなり雑にまとめましたが）今の裁判所の姿勢です（判例）。
ここで、令状請求というのは、若干の癖《くせ》もあればそれなりの技能も要する役所仕事ゆえ、最優先で処理してもそれなりの時間が掛かります。懸命にやっても、それなりの時間は相手方に待ってもらうことになる。裁判所はそれを実務的必然と考えたのです（そもそも令状を出すのは裁判官ですから、裁判官は令状請求実務のコストには理解がある

訳です）。

——以上を要するに。

亀の子事案のときは、職質ワールドを諦めて捜査ワールドに移る。任意の協力は諦めて、令状による強制を行う。こうすると、『説得』『留め置き』が結果として長時間にわたったとしても、アナログの針がグッと適法に傾きます。重ねて、令状請求手続でかなりバタバタしますが。

〈任意同行〉における有形力の行使

さてここで、もう一度警職法第2条を見ましょう。

その第3項は、職質対象者が

……刑事訴訟に関する法律の規定によらない限り、身柄を拘束され、又はその意に反して警察署、派出所若しくは駐在所に連行され……ることはない

と、明文で規定しています。『その意に反して』『連行されることはない』のです。

したがいまして、〈任意同行〉に当たっては、相手方の『その意』＝同行に応じる意思が絶対的に必要となります（それがアナログな概念であることはいつもどおりです）。

そうなりますと、〈任意同行〉に当たり、〈有形力の行使〉＝〈一時的な実力の行使〉が認められる余地は、常識的には無い、ように思われますが……

……確かに、もう既に『停止させる』ための有形力の行使について見たようなかたちで（35頁以下④⑤⑥⑦等参照）、『イザとなれば比較的強力に』『イザとなれば比較的多くのスタイルで』有形力を行使することは、任意同行のためには、できません。停止の際と任同《ニンドウ》の際では、事情がまるで異なります。というのも、実力をもって同行することは、もろ連行で逮捕だからです。

しかしながら（!!）――

なら任意同行のため〈有形力の行使〉をすることは一切できないか、というと……これまた、0か1かのデジタルな話ではないのです。それは無論、最初から違法である疑いが強いですが（アナログの針は最初から違法に振れていますが）、それでもなお、適法となる場合はあります。

ならどのようなときに適法か？

一般論としては、やはりいつもの役札《やくふだ》を揃《そろ》えること（31頁・図3参照）が必要です。

具体論としては、文脈・背景・事情を無視して結果だけを見れば、

A　肘《ひじ》付近を押さえて少し引いた行為
B　腕を抱きかかえて両袖《そで》をつかむ行為
C　コートを一時的に手でつかむ行為
D　肩に手を掛ける行為
E　前に立ち塞《ふさ》がる行為
F　手を添えて立ち上がらせる行為

が、『単に身体に手をかける程度のことは、それが強制にわたらない限り許される』『いわば動作を伴った説得行為として容認できる限度内』『渋々ながらも任意に詰所《つめしょ》への同行に応じたもの』等々として、適法とされました（判例）。なおこうしたときでも、右のとおり、『その意』＝同行に応じる意思が絶対的に必要であることを思い出してください。

ただ右のA～Fは例外的と言ってよく、例えば

G　警察官2、3名が、同行を拒否し逃走しようとする相手方《あいてかた》を両側から挟《はさ》み（実務上のいわゆるサンドイッチ）、相手方が振り払おうとするなどしたのに、それを止《や》めなかった行為

H　相手方が大声で叫んで拒否していたのに、その抵抗を排し、相手方を両側から抱えて無理にPC《パトカー》に乗せるなどした行為

I　PCへの乗車を拒み、PCの床に足を掛け、屋根を両手でつかんで踏ん張っている相手方の背中等を押した行為

J　PC内の警察官が相手方のベルトをつかんで車中へ引っ張り、もう1名の警察官が相手方を押し込むなどした行為

K　説得に応じないでしゃがみ込んだ相手方を引き上げるようにして立たせ、抵抗している相手方を車両に乗り込ませた行為

L　樹木をつかんで抵抗し、自発的に手を離すことのなかった相手方を、左右から引っ張って車に乗せようとした行為

は全て違法とされています（判例）。同行に応じる意思が無いとなれば当然です。アナログの針はすぐ違法に接するでしょう。

他方で……

『行為としては同じであっても、適法／違法の評価が分かれる』ことも当然あり得ます。

例えば、右の実務にいうサンドイッチですが――もし本書でいう役札《やくふだ》が揃《そろ》っていて、

しかも相手方に『その意』＝同行に応じる意思があると認められれば、アナログの針が適法に傾くこともあります。実際、サンドイッチ事案を適法とした判例もあります。すなわち、これまた1件1件事情の異なる、個別具体のシチュエーションに左右されるのです。

――ただし、以上が〈任意同行〉に当たっての有形力に関する議論であることを、再度想起してください。何が言いたいかというと、〈停止〉に当たっての有形力の議論（34頁以下参照）とは違う、ということです。

したがって、もし〈同行要求〉をした場合において、相手方が突然立ち去る・走り去るとなれば、そこで局面は切り換わり、無論、〈停止〉に当たってのやや広めの有形力の行使が可能となります。また無論、相手方に再度停止してもらえたなら、そこでまた〈同行要求〉の局面が再開され、有形力の行使は厳しくなる……ということになります。

『荒れる職質』

……右のG～Lの字《じ》面《づら》を追っていると、「警察官は無茶するなあ……」「警察官はやっぱり横暴だ!!」という印象をお持ちになるかも知れません。

ただ職質は、荒れるとなると徹底的に荒れます。先に〈亀《かめ》の子《こ》事案〉のことを『籠城戦《ろうじょうせん》』と表現しましたが、そのように、何らかの御事情でどうしても現場から動きたくない方《かた》は、まあ、御事情が御事情でしょうから、それはもう決死の、必死の、まさかなまやさしいものではない、徹底した『戦闘意欲』と『抵抗』をお示しになるでしょう。きっと、その後の人生と自由とが懸かっていますし……

　しかしそうなると、警察官としてもまさか、徹底拒否の理由も解明せずに「そうですかあ。人には色々事情がありますもんね。どうもありがとうございましたあ」などとアッサリ撤退する訳にはゆきません。まさかです。不審性がどんどん高まっているのですから。犬のおまわりさんではないのですから（ちなみにそうした著しくマヌケた／職務執行能力に欠けた警察官のことを、私が現役の頃、部内《ブナイ》で〈犬のおまわりさん〉と呼んでいた記憶があります。用いる警察官によってニュアンスは違うでしょうが、要旨《ようし》、棒に当たる幸運だけ期待し、おざなりで通《とお》り一遍《いっぺん》な『警ら』『職質』しかしない警察官のことです）。

　とまれ、平均的で真っ当な警察官を想定すれば、残るは意地と意地のぶつかり合い。

『どうしても拒否する』という決意と、『どうしても説得する』という決意のぶつかり合い。

それがヒートアップし、エスカレートすると、とうとう有形力による『肉弾戦』『市街戦』となり、詰まる所G～Lのような『戦闘行為』が展開されてしまう、こともある。

そこには経緯と背景と事情と展開と……要は人《ヒト》と人《ヒト》との生《き》の物語があり、よって字面を追っただけで「こっちが悪い」「あっちが悪い」とは、なかなか断じがたいものです。

――そもそも、我が国警察が本当に無茶で横暴な無法者の集団であれば、『ワルイヤツ』『ふざけたやつ』を警棒でぶん殴って人海戦術《じんかいせんじゅつ》でPC《パトカー》へそして留置施設へどんどんブチ込めばよいだけ。わざわざ警職法なるものを遵守《じゅんしゅ》しようと、6時間40分も説得するだの、立ち去ろうとする相手方にひたすらテクテク付いて行くだの、リュックのファスナーには手も掛けないだの……それはむしろ、我が国警察が『過ちも犯すが遵法意識のある』真っ当な、少なくともノーマルな組織であることの証左《しょうさ》ではないでしょうか。

ここで、私はフランス警察に実働員として勤務したことのある変《か》わり種《だね》です。ストラスブール警察本部なる所属に籍を置きまして、実際の警ら・取調べ・逮捕・捜索差押《そうさくさしおさ》え等に従事させていただきましたし、強制介入部隊とも仕事を御一緒させていただきました。外国人をチームの一員として扱い、職務執行までさせるとか、我が国では考えられないオープンさですが（私自身がフランス人に有形力を行使したり、フランス人の取調べの補助官をしたり、ガサ場所に突入したりしました）。

とまれ往時《おうじ》、私の指導に当たってくれた先方《せんぽう》の指導警部・指導警視・指導警視正らが日本の〈有形力の行使〉事情を聴けば、まず間違いなく悪い冗談だと鼻で嗤《わら》うでしょう。というのも私の現認《げんにん》した限り、現地では誰も実力行使を躊躇《ちゅうちょ》しませんでしたし、その実力行使も、こっそり接近してすぐさまの、後方からの足払いだの羽交《はが》い締《じ》めだのすくい投げだの、5人掛かりで押さえ込むだの、正直殴る蹴るだの、はたまた寝ている相手方に銃を突き付けるだの……まあかなり自由闊達《じゆうかったつ》なものでしたので（行為のみならず言葉遣いもすごいもので、指導警部による取調べでは『純度１００％の脅迫』を何度も聴いたものです。その取調べ後、私独りでフランス人被疑者を留置施設に入れたとき（!!）、「刑事さん、私、これから本当にあんなことになるんですか……？」と泣かれてしまったので、いやレンタルで外国人の自分に訊かれても、と内心焦《あせ》りながら「しっかり本当のことを言えば、ウチの警部も非道《ひど》いことはしませんよ、全部貴女《あなた》しだいですよ、頑張りましょう」などと知った風なことを喋ったのも、特異すぎて忘れ難《がた》い思い出です）。

……若干、余談《よだん》になりました。

ただそうした海外事情との比較からしても、我が国の職質が本質的に『荒れがち』な特性を内包《ないほう》する中（勝手《かって》気《き》儘《まま》にできるのなら荒れません）、我が国の警察官は警職法・判例法を極力遵守《じゅんしゅ》しようと、実務にも試験にも訓練にも技能伝承にも真剣に取り組んでいると断言でき、そのことを念《ねん》の為《ため》に記しておきます。よって平均的な警察官を想定するなら、「サンドイッチバカにはなるなよ」「逃げるなら後ろからトンと押すだけ」「いったん離す!!　有形力の行使は一時的!!」といった台詞《セリフ》が、極《ご》自然に出てくることとなります。

さて以上でようやく、『警察官の権限』＝『市民が何をされ得るか』を見終えました。

しかしながら、その市民＝『職務質問の対象』については、まだ検討をしていません。

それは要は、序章で述べた『判断基準』に関する議論（11頁以下参照）となりますが、その実態・実情は次の第2章で見るとして、本章では『法律がどう考えているか?』を概観しましょう。

そもそも法律のいう〈不審者〉とは？

条文に戻ると、警職法第2条第1項が「こういう人には職質をしていいよ」と規定しているその相手《あいて》方《かた》は、

> ①異常な挙動《きょどう》その他周囲の事情から合理的に判断して何らかの犯罪を犯し、若しくは犯そうとしていると疑うに足りる相当な理由のある者
>
> ②既に行われた犯罪について、若しくは犯罪が行われようとしていることについて知っていると認められる者

のいずれかでしたね。そして実務上、①の者を〈不審者〉と、②の者を〈参考人的立場の者〉と呼ぶのでした。

　ここで、②の者はたまたま犯罪の現場に居合わせた人など、一般的には不審でない人なので、細かい検討はしないこととします。本丸は〈不審者〉で、よってここで大事なのは『法律はどのような者を〈不審者〉と考えているか？』だからです。

『異常な挙動』『その他周囲の事情』

そこで①の〈不審者〉に係る条文を読むと、まずいきなり『異常な挙動《きょどう》』なるギラついた言葉がありますね。いわゆる『挙動不審』、俗語なら『キョドってる』といったところでしょうか。とまれ法律の解釈としては、これは要は

言語・動作・態度・着衣・携行品等が、通常ではなく、怪しい、不自然と思われること

でして、また右でいう『通常ではない』というのはすなわち『犯罪と無関係な状態ではない』ということです。

加えて、『その他周囲の事情』というのは要は

時間・場所・環境等

のことです。朝・昼・夜で、何が／誰が怪しいかは大きく変わるでしょう。キチンとしたスーツ姿の勤《つと》め人《にん》でも、女子高のトイレにいれば怪しいでしょう。飲み屋街で放歌高《ほうかこう》吟《ぎん》していても（コロナの問題を措《お》けば）まあ仕方ないですが、電車内でずっとリサイタルを開いているとなると別論です。

このように、『異常な挙動』は『周囲の事情』に応じて異なり、固定的ではありませ

ん。

――これで条文の『異常な挙動』『その他周囲の事情』が終わりました。

『合理的に判断して』（客観性の縛り）

次に『から合理的に判断して』が重要になります。

すなわち、①の〈不審者〉だと適法に判断し適法に職務質問を開始するためには、その判断が『合理的』でなければなりません。警職法は、警察官が主観的に・恣意《しい》的に・ただの思い込みで職務質問を掛けるのを許さないのです。警察官の判断には、客観的な合理性がなければなりません（判例。条文上も明確ですが……）。よって片端《かたはし》から胡散《うさん》臭《くさ》いと思われる奴・気に食わない奴を締め上げる、などという訳にはゆきませんし、それはもちろん違法として裁判所に怒られます。

しかしながら……

例えば、市民と警察官とでは、『キョドってる』人についての観察眼・分析能力が違いますね。元警察官としてはまこと僭越《せんえつ》な喩《たと》えですが、フレンチシェフとそのお客様とでは、舌の能力が違うというか、味覚の鋭さが違うというか、ともかくプロとアマチュアの大きな違いがあるでしょう。修業・職業訓練の違いもあります。よってお客様には感じ取れない微妙な味の違いを、シェフなら直ちに感じとる――ということはありますし自然です。

それは警察官についても同様です。

それが交番の制服警察官ならば、4交替制・3交替制における24時間勤務を通じ、また、立番《りつばん》・警ら・事件事故の処理といった警察活動を通じ、昼夜を分かたず街頭の市民を観察しています。また昼夜を分かたず、訴出《うったえで》のある市民と接触しています。

よって一般論としては／平均的には、『キョドってる』人についての観察眼・分析能力は、警察官の方《ほう》が市民より、まあ、優れていると言ってよいでしょう。

これを言い換えれば、無論、『警察官にとっての客観性と、市民にとっての客観性は異なる』ということになりますし、更に言い換えれば、『市民にとっては客観的・合理的とまで言えないものも、警察官にとっては客観的・合理的だと言えることがある』ということになります。

ならば、①の〈不審者〉だと客観的・合理的に判断するといったその『客観的・合理的』とは、誰についてのものなのか？　市民が基準なのか？　警察官が基準なのか？

——これは、警察官を基準とすることとされています（判例）。

よって市民からすれば、「何も怪しくなんてないのに、あんな普通の人に職質掛けやがって……」「どうせノルマがあるから、乱れ打ちをしているんだろう」と思えてしまうような場合でも、実際の所は、ちゃんとした判断・根拠を前提としているのが常です（またそうでなければ違法ですし、とうとう裁判所に違法とされてしまっては、実績になるどころか処分されかねません。処分されれば退職も待っています）。

かくのごとき『味覚の違い』『修業の違い』が、だから微妙な判断の違いが、「どうせ、その気になれば誰でも自由にしょっ引いてゆけるんだろうよ」といった市民の誤解・不信感を生んでしまうことがありますので、ややしつこく述べました。

なおこのことに関連して、警察官はプロとしての知識・経験を活用できるほか、警察組織の情報を活用することもできます。

例えば——銀行強盗が発生すれば、普通は緊急配備が掛かりまして、取り敢えず『その銀行強盗についてはまだ何も知らない』警察官が多数、警戒に動員されます。そして当然ながらこの場合、通信指令室等から、『犯人に関する情報』が、無線なりスマホなりでじゃんじゃん流れてきます。例えばそうした情報が、『犯人は青いデニムに白いシヤツ、黒いスニーカーの一見《いっけん》若者風、20代前後と思《おぼ》しき男1名』なるものだけだったとしましょう。

……これ、何も怪しくありません。何も不自然ではない。何も不審じゃない。そんな人物は至る所に溢《あふ》れています。よって、幾ら凄腕《すごうで》の五ツ星フレンチシェフでも、そんな人物を客観的・合理的に〈不審者〉と判断することはできないはずです。どう考えても無理です。言葉はともかく『難癖《なんくせ》1つ付けようが無い』。

なら、そうした『青いデニムに白いシャツ』云々《うんぬん》にピタリ該当《がいとう》する者を発見したとき、〈不審者〉と判断して職質を掛けることは無理かというと……いやできます。市民からしても警察官からしても全く異常はありませんが、それでもできます。

というのも、〈不審者〉の判断に際しては、警察官が事前に得ていた知識・情報を用いてよい、とされているからです（判例）。言い換えれば、一見して〈不審者〉とは判断できないはずのときも、警察官が事前に得ていた内心のデータと合体させてそれができるときは、その一見〈不審者〉でない者に対し、適法に職務質問ができます（そうしたデータとしては他に、『某所《ぼうしょ》は覚醒剤の取引場所になってしまっている』『ストーカーがこれから元カノの家を襲うと言っていた』等々があるでしょう）。

このことも、時に市民の誤解を招く原因になるかも知れません。市民には、警察官の『味覚』以上に、警察官の『内心のデータ』は分かりませんから。

『何らかの犯罪』

――さて、①の〈不審者〉についての条文、最後に残った文言《もんごん》は『何らかの犯罪を犯し、若しくは犯そうとしていると疑うに足りる相当な理由のある者』です。

といって、これはさほど難しくありません。

これは要は、殺人だとか強盗だとか窃盗だとか覚醒剤取締法違反だとか、そうした断定的な『具体的な犯罪』の疑いまでは持てない段階であっても、

Ａ「ウン、何かの犯罪を行っているだろう!!」（既に犯している疑いアリ）

Ｂ「ウン、何かの犯罪を行うだろう!!」（犯そうとしている疑いアリ）

と判断できれば、職務質問は実施できるということです。法律上は何か、でよいのです。

もちろん、縷々《るる》述べたように、その判断は客観的・合理的なものでなければなりません。条文に即して言えば――右のＡＢの判断においても、ちゃんと『疑うに足りる相当な理由のある』ことを、主観的な思い込みを排し、客観的・合理的に判断しなければな

りません。

　ここでちなみにですが、なら先の銀行強盗の例のように、「ウン、強盗を行っているだろう!!」と分かっているとき、はたまた火災現場で犯人と出会《でくわ》すなどして、「ウン、放火を行っているだろう!!」と分かっているときはどうか。要は『何らかの』でなく、最初から断定的な『具体的な犯罪』の疑いを持てているとき、職質は可能か？　もちろん可能です。条文にいう『何らかの犯罪』はもちろん、『具体的な犯罪』を含む集合だからです。

『何か』を突き詰めてゆく真剣勝負（恐怖と勇気と）

　右のことを踏まえると、職務質問というのは要は、

　「何かをやっていることは客観的に間違いないが、サテ何が出てくるか……？」

という見通しの悪い真剣勝負の中で、対話と検査を武器に、不審性の雲や霞《かすみ》に包まれた先の『具体的な犯罪』を解明し、〈獲物《えもの》〉を仕留めようとするものです。

　よって、職質の実務的な本質は……言葉の遣い方にとても迷いますが……犯罪者の〈ハンティング〉と言えます（誤解等を避けるべく特に強調しておきますが、犯罪者の

ハンティングであって、我が国において圧倒的多数を占める善良な市民を引っ掛けたり騙《だま》したり陥《おとしい》れたりすることではありません!!)。

私が現役の警察官なら、比喩《ひゆ》1つでも警察組織の認識だと勘違いされてしまいますから、こんな言葉遣いは到底できませんが、今は純然たる一般市民ゆえ、尖《とが》った比喩《ひゆ》を用いても許されましょう。一《いち》市民として考えて、間違ってはいないと思いますし(なお現役時代、職質の名人というか永世《えいせい》名人、いえ神様たる〈広域技能指導官〉——第3章参照——の方々と会議・懇親《こんしん》の席等でお話をする機会を得た際、そうした神域《しんいき》の警察官たちが『狩猟』『魚釣り』との用語を用いておられたのを思い出します)。

そしてこの、〈ハンティング〉においては。

まずは不審性しか分からない。何をやったのかは分からない。

いやひょっとしたら、何もやっていないのかも知れない……

そんな中、スキルを駆使してどんどん不審性を解明してゆく。雲や霞を取り払う。取り払った先に……例えば覚醒剤が出てくる。例えば何も出て来ない。例えば証拠を捨てられた。例えば実力を行使してしまった。結果は最後まで分かりません。職質は一寸先《いっすんさき》の見えない靄《もや》の中の猟です。まして道は険《けわ》しい。法律と判例の縛りが大きい。相手方《あいてかた》が真実、犯罪者ならば死《し》に物狂《ものぐる》いの抵抗もする。公務執行妨害・受傷事故《ジュショウジコ》の危険すら大きい。

そのようなハンティングにおいて、「ウン、何かの犯罪を行っているだろう!!」と判断すること自体、そしてイザ相手方に接近して「今晩は!! 防犯警戒をしています!!」等と声掛けすること自体、実は警察官にとってどれだけ勇気のいることか。

市民からすれば、次項で述べるとおり様々なかたちで迷惑ですが、実施する警察官の側も、適法・違法の針がブルブル揺れる中、勇《ゆう》を鼓《こ》して——時に職を懸け——声掛けをしている。実は警察官の側も恐いのです。

そんな一面も、頭の片隅に置いていただければと思います。

職務質問の終了

実務的にざっくり言えば、職務質問は、

Ⅰ〈不審者〉について、その不審性が減少／消滅し、そもそも職務質問の要件を充たさなくなったため、警察官が謝意を表して打ち切る

Ⅱ〈参考人的立場の者〉について、当該者《とうがいしゃ》から必要な情報が得られるなどし

たため、警察官が謝意を表して打ち切る

Ⅲ　〈不審者〉又は〈参考人的立場の者〉について、その不審性が増大／出現し、いよいよ具体的な犯罪を犯していると認められたので、当該者《とうがいしゃ》を逮捕等する

といった、3つのパターンのいずれかにより終了します。

平和裡な終了と警察官の意識

右のⅠ・Ⅱは、いわば平和裡《へいわり》に終了するケースです。無論、職質を受けた方《かた》としては心中《しんちゅう》穏やかならぬ場合も多いでしょうが、ともかくも、警察官との接点はそれで終わりです。

……ここで、そうした『心中穏やかならぬ』インパクトを与えてしまうことについては、実務的にも学問的にも、職務質問というものがそもそも

A　相手《あいて》方《かた》に心理的なプレッシャーを与えるもの

B　相手方にとって迷惑であるもの

C　相手方のプライドを傷付けかねないもの

D　相手方のプライバシーを害するもの
E　まして〈有形力の行使〉に至れば、物理的な不利益すら発生させるもの

ということが、明確に意識されています（当然と言えば当然ですが……）。

したがって、平均的な、真っ当な警察官を想定すれば、右のⅠ・Ⅱの場合においては必ず『何らかの謝意』を表するでしょう。法律上の義務はありませんし、その言い方は様々となるでしょうが、とまれ協力に感謝し、時間を割いてもらったことに礼を言うでしょう。

しかしその場合であっても、当該《とうがい》平均的で真っ当な警察官が、『職務質問をしたこと自体を詫《わ》びる』ことはあり得ません。仮にそうしたとしたら、その時点で彼／彼女は真っ当な警察官ではありません。というのも――

①警職法なる国会の定めた法律があり、②それによって要旨《ようし》『不審者がいれば職務質問ができる』とされている以上、③『不審者を現認《げんにん》したのに漫然《まんぜん》とそれを見逃す』のは職務怠慢《たいまん》であり税金泥棒だからです（犬のおまわりさん）。

したがって――適法であることを当然の前提としつつ――しかし『積極的に』権限を行使して不審者を発見しその不審性を突き詰めてゆくことは、警察官の極めて重要な責

務と言うよりほかありません。それは地域住民・地域社会のための重要な責務でもあれば、罪を犯すことなく平和裡《へいわり》に生活し犯罪の無いことを願う、我が国において圧倒的多数を占める、善良な市民が支持する重要な責務でもあります。

かくのごとく『積極的に』職務質問を励行《れいこう》することが重要な責務である以上、適法に行われ適法に終了した職務質問そのものについて『詫びる』ことはあり得ません。協力には幾らでも感謝するでしょうが、まさか謝罪はしません。

そしてこうした姿勢は、裁判所からも支持されています。すなわち裁判所は、要は「警察官は職質をしっかりやれ」「その責務をしっかり果たせ」「拒否されてもカンタンに諦《あきら》めるな」という趣旨で、次のように述べています――

> ……若《も》し相手方《あいてかた》が警察官の一応の質問に答えず、或《あるい》は停止を肯《がえ》んじなかったとしても直ちに質問を打切るべきではなく、その具体的場合に即応《そくおう》し、警察官としての良職と叡智《えいち》を傾け臨機《りんき》適宜《てきぎ》の方法により或《あるい》は注意を与え或《あるい》は翻意《ほんい》せしめて本来の職責を忠実に遂行する為《ため》の努力を払うのが寧《むし》ろ警察官の職務であると謂《い》わなければならない。

職質検挙

先に述べた職質終了のパターンⅠⅡⅢのうち、Ⅲの『逮捕等』の場合が、実務において〈職質検挙《ショクシツケンキョ》〉と呼ばれるものです。

この〈職質検挙《ショクシツケンキョ》〉の、極めて典型的な例としては——

例えば、職務質問とそれに伴う所持品検査によって『覚醒剤の所持』が確認できたとき。例えば、職質現場付近で発生した侵入盗《しんにゅうとう》の犯人であると認められたとき。例えば、諸々《もろもろ》の照会と不審点の追及の結果、指名手配犯であると特定できたとき。

——要は、職質によって相手方《あいてかた》が『罪を犯していること』『犯罪の犯人であること』が解明できたそのとき、その解明の度合いに応じ、現行犯逮捕、緊急逮捕、逮捕状の緊急執行……といった、各種の検挙の措置がとられます。

そして実務上、警察官が職務質問を行う主目的は、この〈職質検挙《ショクシツケンキョ》〉です。

それはそうです。何故と言って——

職質は、極めて実務的には『不審点を解明する』ものと言ってしまってよいでしょうが、なら何故『不審点を解明する』のかと言えば、その不審点を解消するためというよりは、その不審点を〈犯罪の嫌疑〉から〈犯罪の事実〉にまで突き詰めるため。言い換えれば、『灰色が実は白だった』と解明するよりも『灰色が実は真っ黒だ!!』と解明するため。もっとシンプルに言い換えれば、犯罪者だと解明して検挙するためです（無論、明らかに〈参考人的立場の者〉に当たる方《かた》については全然別論ですが）。

すなわち。

やはり、職質の実務的な本質は……重ねて、言葉の遣い方にとても迷いますが……犯罪者の〈ハンティング〉なのです。よって、魚の〈キャッチアンドリリース〉ではあるまいし、最初から〈獲物《えもの》〉を逃がす目的で狩猟に臨むはずありません。

例外的なケースとして、「アイツ、どうも有名な指名手配犯の誰某《だれぼう》に似ているから、まさかとは思うが打ち消しだけしておこう」「当署管内《かんない》では街頭犯罪が多発しているから、検挙できるかどうかにかかわらず、要件を充たした通行人に声を掛けよう」「自転車盗がますます増加傾向にあるから、要件を充たせば全ての自転車に声掛けしよう」……といった場合もありますが、そのような場合でも、警察官は検挙に至る事態を当然に想定しています。

要は、最初から〈職質検挙《ショクシツケンキョ》〉を狙わず職質に臨む警察官はいません。

――そのような訳で、職質において〈職質検挙《ショクシツケンキョ》〉は本質的・中核的な意味を持ちます。

よってここで、〈職質検挙《ショクシツケンキョ》〉に係る具体的な成果・統計を概観しましょう。

具体的には近時における、①『刑法犯の検挙件数』と、②うち『地域警察官による職質検挙の件数』、③その『刑法犯総《そう》検挙件数に占める割合』を概観しますと、

【平成29年】
刑法犯検挙件数31万６４１２件、うち職質検挙４万83件（約12・７％）
【平成30年】
刑法犯検挙件数29万９３９８件、うち職質検挙３万６８６１件（約12・３％）
【令和元年】
刑法犯検挙件数28万４５８４件、うち職質検挙３万１５９９件（約11・１％）

となっています。さらにここで、令和元年の職質検挙３万１５９９件について、それが具体的に地域警察官の『どのような警察活動における職質検挙だったか？』を、図‐７に示しておきます（なお他の年次についても、統計が公表されていますので容易に確認できます）。

なお、全警察官に占める〈地域警察官〉の割合は約34％ですので（２３０頁参照）、

図7　職質検挙の内訳（令和元年）

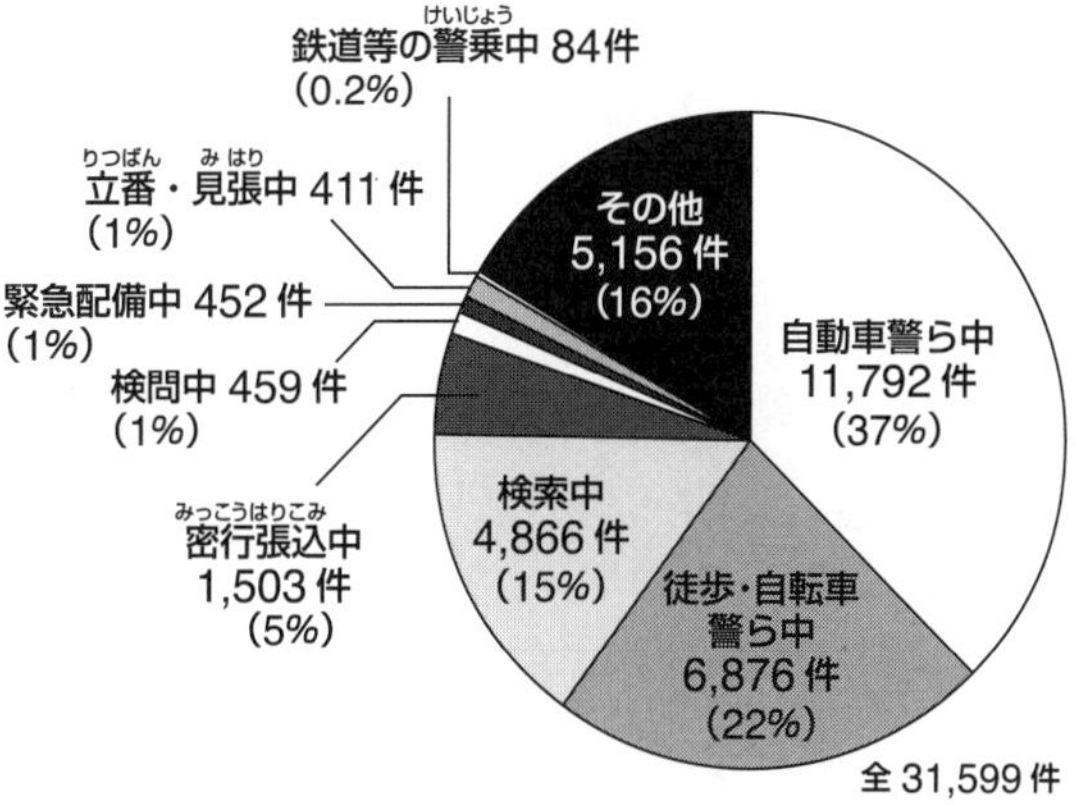

右の約11%～約13%なる数字をどうとらえるか、ですが……ここで考慮しなければならないのは、〈地域警察官〉は何も職質・職質検挙のみを責務としてはいない点です。むしろ〈地域警察官〉は、交番等の所管《しょかん》区《く》・警察署の管轄区域において発生したあらゆる事件・事故・災害に対処する責務を負っています（少なくとも、事件・事故・災害についての初動《ショドウ》活動は全て〈地域警察官〉の責任で行わなければなりません）。シンプルに言い換えれば、〈地域警察官〉は『ハンティング専従《せんじゅう》』ではありませんしそれは物理的に不可能です。

よって話を職質に限定せず、例えば『警察白書』が自信を持って（？）記載してい

る、地域警察官による刑法犯検挙人員を概観しますと、

【平成29年】16万1363人（警察による刑法犯総《そう》検挙人員の約75・1％）

【平成30年】15万1901人（同じく約73・7％）

【令和元年】13万8089人（同じく約71・7％）

となります。先の約11％～約13％なる数字を評価するに当たっては、例えばこうした他の指標・統計と併《あわ》せ、総合的に考える必要があり、それを欠いた特定の数値の『言挙《ことあ》げ』『数字挙げ』には、あまり意味がありません。

『職務質問の最後』の項を終えるに当たり、私もしばしば訊かれる「有名人の検挙はあるんですか？」「上級国民は優遇されるんですか？」という問いにお答えしておくと――検挙の主体が地域警察官だけとは限らないのですが、ザッと過去の報道を検索するだけでも（検索に引っ掛からない暗数もあるでしょう）、

2004　県議会議員　道交法違反（飲酒検知拒否）

2004　元タレントT　銃刀法違反（携帯）

2006　市議会議員　道交法違反（無免許運転）

2009　女優Sの配偶者　覚醒剤取締法違反（所持）

２０１０	元タレント（２００４に同右）	麻薬取締法違反（所持）
２０１６	山口組系暴力団組長ほか14名	公務執行妨害等
２０１９	女優Ｓ（２００９とは別人）	麻薬取締法違反（所持）
２０２０	全国紙新聞記者	覚醒剤取締法違反（使用）
２０２０	衆議院議員の元公設秘書	道交法違反（酒気帯び運転）
２０２０	ファッションブランド代表取締役	覚醒剤取締法違反（所持）
２０２１	元幕内力士	大麻取締法違反（所持）

等々の職質検挙事例あるいは職質を端緒《たんちょ》とした検挙事例が見られますので、検挙に至らないものを含めて考えれば、また職務質問の実際上の目的を考えれば、上級優遇ということは無いと断言できます（なお１４７頁参照）。

　というか正直、〈ハンティング〉をする側としては、一般論として、対象が上級であればあるほど嬉しいでしょうし、対象が『国民の誰もが知っているような大物』であればあるほど嬉しいでしょう。自分の職務執行が厳正・適法・公平であることを示せますし、国民に対して大いに警鐘を鳴らすことに直結しますから。

　とはいえ、そのような対象は、まさか最初から狙える訳ではありません（だとしたら私服刑事の方《ほう》で放ってはおきません……最初から地域警察官には回って来ません。とっくに入念な内偵《ないてい》捜査等の対象になっているのが一般です）。

第2章　これって任意ですよね？　任意なら絶対応じません
——職務質問対応マニュアル（市民と警察官双方のための）

職質は『誰が』行っているのか？

第1章において、職質は犯罪者の〈ハンティング〉であると言いました。

その獲物《えもの》は重ねて犯罪者ですが——すなわちまさか我が国において圧倒的多数を占める善良な市民ではありませんが——第1章で概観したとおり、職質は実際上、警職法第2条第1項に規定する〈不審者〉に対して行われるものです。言い換えれば、普通は『まだ』不審者でしかない相手方に対して行われるものです。

すなわち職質開始時において、警察官には普通、『不審者たる相手《あいて》方《かた》が実は善良な市民なのか？　それとも真実犯罪者なのか？』は分かりません。これは警職法が当然に想定している現象です（だから警職法は、『不審点を解明するために質問しろ』と規定しているのです）。

したがいまして、『獲物』は飽くまでも犯罪者ですが、善良な市民もまた適法に職務質問をされてしまいます。

するとそのとき、市民としては――『彼を知り己《おのれ》を知れば百戦殆《あやう》からず』ではありませんが――この目の前の職質警察官はいったいどんな警察官で、いったいどんな仕事をしていて、いったい何を目的に活動しているのか。そうした『彼』（彼女）の特性と文化を知っておくに越したことはないでしょう。なんとなれば、そもそも警察官は一般に恐いものですから……恐い敵の正体を知ることは、コミュニケーションの質を上げることにも、だから職質からの早期解放・現場離脱を図ることにも役立ちます。

職質警察官の実際

さて実際に街頭等において職務質問を行うのは、〈地域警察官〉と呼ばれるタイプの警察官です。

これはイメージとしては、警察署の中にいる私服刑事ではない、警察署の外にいる制服警察官です。警察部内《ブナイ》では、前者を内勤《ナイキン》／専務員《センムイン》と、後者を外勤《ガイキン》／地域《チイキ》と呼びます。より具体的には、交番・駐在所・PC《パトカー》で3交替制又は4交替制の24時間勤務をする、いわゆる『街のおまわりさん』『制服のおまわりさん』がその〈地域警察官〉に当たります。

読者の方《かた》が仮に職質を受けたとして、それを実施した職質警察官の99・99％は、この〈地域警察官〉です。裏から言えば、それは警察署内で勤務する刑事その他の捜査員ではありません。無論、一般論として、ただ警察官でありさえすれば誰でも職質はできますが（25頁参照）、だから私服刑事等も職務執行上必要があればそれをしますが、まさか日々励行《れいこう》しません。

さかしまに、交番・駐在所・PCで勤務する〈地域警察官〉は職質を日々励行しますが（例えば1当務《トウム》24時間の勤務で1度も職質を掛けなかったとなると、それはのび太レベルのサボりですが）、それには無論理由があります。

というのも、〈地域警察官〉には勤務のメニュー、勤務の時間割りがあるからです（例えば私服刑事にはありません）。それが交番に勤務する地域警察官なら、『立番《りつばん》』『見《み》張《はり》』『警ら』『巡回連絡』といった勤務のタイプが指定されており、かつ、地域警察官はそれを何コマ何時間やるか、上司・上官・同僚と相談の上、自ら決定しなければなりません。そうやって決定したことは、義務的に実行しなければなりません（法令）。無論、駐在所・ＰＣ勤務の警察官であっても、それぞれのメニューと時間割りがあるのは同様です。

——ここで重要なのは、『警ら』と『立番《りつばん》』になります。特に前者は重要です。というのも、この両者は交番の外における警戒あるいは巡行だからです。要は、『出撃型』の勤務だからです。

解りやすい『警ら』（パトロール）について考えると——警らは徒歩によってであれ自転車によってであれ、出城《でじろ》である交番から外に出撃し、外を戦術的に巡行する活動です。ならその目的は何か？

それは、地域の実態把握の場合もあれば、制服の威力によって事件事故を抑止して体感治安を上げようとする場合もあれば、困っている市民を助ける場合も、市民からの急訴《きゅうそ》を受け付ける場合もありましょうが……

しかし、わざわざ昼夜を分かたず外を回って何を探しているかと言えば、もうお解りだと思います、犯罪と犯人を探しているのです。

市民の立場からしても、地域の実情を知ってもらったり、『見せる警戒』の威力を発揮してもらったり、イザというとき助けを求めたりできることは大事でしょうが……しかしやっぱり、制服警察官がパトロールをするというのなら、『ちゃんと悪い奴を捕まえてほしい』『秘かに悪いことをしている奴を捕まえてほしい』『そうやってこの地域の安全を守ってほしい』とお思いになるはずです。さもなくば税金泥棒だとお思いになるはずです。いったい何の為《ため》にブラブラ歩いているんだと――

また、言葉の当否《とうひ》は別論として、『検挙は最大の防犯なり』という考え方もあります。『この地域で悪いことをすれば、確実に検挙されるんだ』となれば、成程《なるほど》犯罪者の方《ほう》も蹴散《けち》らされるというか、その地域には近寄らないようになるでしょう。一定の説得力があります（逆に、『予防に勝る検挙なし』という派閥もあるのですが）。

『警ら』勤務の重要性

交番等の地域警察官にとって、右の『警ら』勤務は死活的に重要です。市民の期待に応えるためにも、自分の実績を客観化するためにも。

だから出撃する。だからやはり犯罪者の〈ハンティング〉をする。

だから職務質問をして、願わくは〈職質検挙《ショクシツケンキョ》〉に至る――

先に『警察官が職務質問を行う主目的は、この〈職質検挙《ショクシツケンキョ》〉』だと述べましたが（98頁以下参照）、その背景には、このような市民の期待と警察官の実績との関数があります。

このことは、駐在所の地域警察官による『警ら』勤務についても、PC《パトカー》の地域警察官による『機動警ら』勤務についても全く同様です。また、交番の地域警察官による『立《りっ》番《ばん》』勤務においても、ほとんど事情は変わりません。『立番』は、皆さん御案内のとおり交番付近に立って警戒するあの行為ですが、外での警戒である以上、犯罪と犯人は探せますし、実際にも〈立番ダッシュ〉と呼ばれるタイプの職質は頻繁《ひんぱん》に励行《れいこう》されています。

他方で、地域警察官以外の警察官、例えば警察署の私服刑事には、警らの勤務も時間割りもありません。そのようなことをする義務がありません。やりたければやるでしょうが、そもそも私服勤務ですし、地域社会における警戒全般を責務としてはいませんから、まずやりません。

警ら勤務＝職質勤務なる『職質シフト』

右の『そのようなことをする義務がありません』の『そのようなこと』とは、無論警ら・立番の勤務のことですが……しかし特に警らは実際上、『職務質問をすること』『職務質問をし続けること』とほぼ同義です。要は、実際論としては警ら勤務＝職質勤務となっています。

本来の『警ら』は、先に見たように多目的な活動なのですが、しかしながら……地域の実態をどれだけ把握しても、制服の威力でどれだけ『見せる警ら』をしても、困っている人にどれだけ親切にしても、そう、それらは客観的に数値化することができません。すると、極めて好ましくない傾向なのですが……

交番等の地域警察官の実績を、客観的に数値化できる『検挙件数』によって、果てはそれと『職質実施件数』によって評価してしまおう——という、安易安直な管理職が出現してきます。また、そこまで安易安直でなくとも、『検挙件数』果てはそれと『職質実施件数』の評価ウェイトを、極めて大きくしてしまう傾向はあります。

……ここで私自身は、警察庁の交番担当課に勤務した折、警ら以外の警察活動の企画を担当していましたので、警ら担当の島《シマ》と、飲めないビール片手にしばしば熱い議論を交わしたものですが（「職質シフトの行き過ぎは目に余ります!!」「地域実態把握は地域警察のみならず警察全体の宝です!!」）、しかし実際、例えばその『地域実態把握』を客観的に評価するというのは困難です。

また、警察組織の悪癖《あくへき》・宿痾《しゅくあ》として『1度に1つの課題しか重視できない』という性格傾向があります。ゆえに、仮に私の右の意見が通って、地域実態把握をどうにか評価するからどんどんやれ、ということになると——絶対確実に間違いなく、職質検挙の実績は落ちます。だだ下がりに暴落します。誰もが一斉にそちらへ殺到《さっとう》するからです。これは警察官であれば誰でも知っている組織的な性格傾向で、治療しようもありません。すると、『市民の期待の手前、検挙実績を下げるなど論外!!』——ということになり、誰もが問題を意識しつつも、警ら勤務≒職質勤務という『職質シフト』が継続されてゆくこととなる。どの管理職も自分の代で、検挙実績を暴落させたくはないですものね。

地域警察官最大の武器

といって、そうした議論を踏まえた上で、敢えて強力に『職質シフト』を採らなければならない情勢も、またその実例もあります。

例えば——

我が国においては、ザクッと言えば、平成10年代に入る少し前から平成10年代が終わるまでの間、刑法犯の認知件数が激増していました。

平成10年（1998年）における刑法犯認知件数は約203万3500件で、実は、ここで我が国史上初めて200万件の大台が突破されたのですが……これが残念なことに、平成14年まで鰻登《うなぎのぼ》り。ピークであるその平成14年においては、刑法犯認知件数は、何と約285万3700件。

これに最大級の危機感を感じた警察が、平成15年を『治安回復元年』と位置付け、組織の総力を挙げた諸《しょ》対策を講じた結果、当該《とうがい》平成15年からは減少に転じましたが……どうにか200万件の大台を割ったのは、平成19年における約190万8800件なる数字。

ちなみに最新の数字を引きますと、令和2年における刑法犯認知件数は、約61万4200件です（誤記ではありません。200万件どころか100万件ありません）。

……私も現役警察官として、もろ右の『治安崩壊クライシス』を実体験しましたが、ザクッと言えば、平成10年代は今の3倍以上ないし4倍以上の刑法犯が認知されていた訳で、後から顧《ふりかえ》るに「大変な時代だったなあ……」と思います。ましてや、そうした刑法犯認知件数の増加を牽引していたのは、実は『街頭犯罪』と『侵入犯罪』でした（街頭犯罪としては自転車盗、車上狙《ねら》い、オートバイ盗、自販機狙い、自動車盗、ひったくり等々。侵入犯罪としては侵入窃盗・住居侵入・侵入強盗）。言い換えれば、平成10年代は『街頭犯罪と侵入犯罪の時代』だった訳です。

さてそうすると――

見やすい道理で、御想像のとおりかと思いますが、交番等の〈地域警察官〉は、強力な職質シフトを採らざるを得ません。いや職質シフトどころか、『警ら＝職質』『立番《りつばん》＝職質』とせざるを得ません。何故と言って、①実際に犯罪が行われており、②しかもそれが激増しており、③ましてそれは街頭犯罪・侵入犯罪を主とするのですから。加えて、④それらの犯人はどう考えても街頭に出ており、⑤その街頭に必ず出撃する義務を負っているのは地域警察官だけなのですから。

……当時の地域警察官には、ものすごいプレッシャーが掛かったでしょう。

地域警察官が街頭で、攻めて攻めて攻める職質を実施しなければ街頭犯罪は検挙できませんし、なら、我が国の治安そのものが崩壊するからです。本書の言葉で言うなら、他のあらゆる活動を犠牲にしてでも犯罪者の〈ハンティング〉をしなければ、しかも成果の出る〈ハンティング〉をしなければならない情勢です。

しかし、これを裏から言うと――

事実上、街頭における犯罪者の〈ハンティング〉を、だからある意味で我が国の治安の基盤を担っているのは、交番等の地域警察官です。具体的な活動として、職務質問を励行《れいこう》しまた励行できるのは、地域警察官だけです。少なくとも、スキルある職質を適正・適法に実施できるのは、地域警察官だけです。何故と言って、既述《きじゅつ》のとおり、地域警察官以外の警察官には『警ら』『立番』勤務の義務がありませんので。だから、スキルを積む機会もなければ、そもそも職務質問の実績管理などされませんので。

したがいまして、こと職務質問となれば、一般論としては、どんなベテランのあるいは敏腕《びんわん》の私服刑事より、地域警察官の方《ほう》が玄人《くろうと》で芸達者《げいたっしゃ》です。警察本部のPC《パトカー》勤務員であれば職質検挙《ショクシツケンキョ》の無い日の方《ほう》が稀《まれ》でしょうが、たとえ警察署の強面《こわもて》の捜査係長を1週間街頭に出したところで、自転車盗《チャリパク》1件適正・適法に検挙してくることはできないでしょう。

そのような意味で、交番等の地域警察官は、〈ハンティング〉の〈ハンター〉であることを専門にしています。内偵捜査だの尾行張り込みだの捜査書類作成だの取調べだのに関しては数歩も譲《ゆず》るでしょうが、こと職質となればそれは地域警察官の独擅場《どくせんじょう》です。まして、その地域警察官が能動的に犯罪を検挙する手段は、街頭に出て職質を掛けることしかありません。他にどのような権限もありません（その職務質問の権限すら『任意』なのですから、それ以上／それ以外の武器などありません……）。どれだけ交番の椅子を温めていても――かのオウム真理教の平田信《ひらたまこと》が出頭してきてくれたような稀有《けう》な場合を除けば――犯罪と犯人を検挙することはできません。そのときの実績評価は語るも愚かでしょう。『たまたま犯人と出会った』『たまたま犯人が出てきてくれた』場合でなければ、『警ら＝職質』『立番＝職質』と考え、〈ハンター〉として〈ハンティング〉に勤《いそ》しむほかありません。

このような文脈から、警察には、『職質は地域警察官最大の武器』なる警察俗諺《ぞくげん》があります。無論それは実質的には、『所持品検査は地域警察官最大の武器』ということでもあります（第1章参照）。

――要は何が言いたいか？

要は、読者の方《かた》が相手とする『彼』『敵』は、99・99％の場合において、以上のような特性と文化を有する警察官だ、ということです。そこから『彼』『敵』の立場・目的・手法・心情・習性を想像し理解することは可能です。理解しその思考パターン等が読めれば、ストレスコントロールができますし余裕も生まれます。

なお豆知識的になりますが、極々《ごくごく》一般論としては、交番・駐在所の地域警察官→警察署のPC勤務員→警察本部のPC勤務員、の順番で、達人《たつじん》となり手強くなってきます。警察官は異動が多く流動的ではありますが（だからくるくる配置が変わりますが）、おしなべて警察署のPC勤務員ならば、その署の職質の稼《かせ》ぎ頭《がしら》で気鋭《きえい》のハンター。それが警察本部のPC勤務員となると、もうプロ棋士《きし》のようなもので、いわば『段位持ち』であるのは当然ながら、『名人』『永世《えいせい》名人』果ては『神』であるおそれすらあります。

職質された‼　対応の最適解は……？

右に縷々《るる》述べた敵の心情、習性その他を知ることは、職質における『対応の最適解』を導くことにつながります。要は『職質された‼　どうしよう‼』という状況における、具体的マニュアルにつながります。

それを論じるに当たり、ここでは、読者の方《かた》の圧倒的多数を占めるであろう無辜《むこ》の市民を想定しましょう。要は、何の犯罪も違反も犯していない人です（といって、そうでない方《かた》に対しても、私は全く同じアドバイスをしますが）。

もし、読者の方が職質されたら……

端的《たんてき》には、全面協力してください。

後述する、たった1つの例外的場合を除き、全面協力してください。

警察官の求めに応じて素直に停止してください。警察官の質問に対しては正直に回答してください。場所の移動を求められればそのまま警察官に同行してください。所持品検査を求められれば淡々《たんたん》と承諾してください。これが『対応の最適解』です。

……元警察官だから言いたい放題言いやがって、と思われるかも知れませんが。

しかし私は今、警察と全く無縁の一市《いち》民です。ＯＢだからと言って何の権限も特権もありません。そもそも私ごときの顔など、他の警察官に知られてはいません。そんな私が、例えばもし編集者さんとの打合せの帰り道にでも「こんばんは!!　防犯警戒をしています!!　ちょっといいですか!?」と職質されたら——というのが話の大前提だと思ってください。

そのとき私は、何の抵抗もしようとは思いません。

それは、警察ＯＢだからでも警察官の手法を知っているからでも職質の法的知識があるからでもなく、『抵抗は無意味だ』と解っているからです。

では何故『抵抗は無意味』なのか？

――ここで、職質の本質は犯罪者の〈ハンティング〉でした。

職質の実際上の目的が〈職質検挙《ショクシツケンキョ》〉であることも述べました。

警ら≒職質が、地域警察官の義務であることも述べました。

地域警察官が、職質によって〈成果〉を出さなければならないことも述べました。

……なら、そんな相手に抵抗しても無意味です。

相手の立場、心情、習性といった特性・文化からして、まさか諦めるはずありません。

成程《なるほど》、職質であれ所持品検査であれ、それを拒否するのは自由で権利です。徹底拒否をつらぬいて、最後まで徹底抗戦するのも自由で権利です。任意活動ですから。しかし相手は絶対に諦めないのですから、徹底抗戦するだけコストの無駄です。時間的コストの無駄ですし、体力・行為その他の物理的コストの無駄ですし、精神力・感情その他の心理的コストの無駄です。いえ名誉・プライバシーといった権利までが損なわれるかも知れません。

ここで、職質警察官が何故絶対に諦めないかは、もう言うまでもありませんが——

イザ警察官が職質を開始した以上、その警察官は、〈職質検挙《ショクシツケンキョ》〉か〈嫌疑なしありがとうさようなら〉か、その結果が出るまでは帰るに帰れないからです。

イザ警察官が職質を開始したということは、警職法第2条にいういわゆる〈不審者〉と認めたということ。より実際的には、ハンターが「獲物《えもの》かも知れん、法的にもゆける!!」と認めたということ。もっと具体的には、「職質検挙もありうる!!」「ブツは出てくる!!」と認めたということ……

……このように、イザ戦闘態勢に入ったハンターが、その〈不審者〉の不審性をトコトン突き詰めようとしないはずもありません。そのための〈説得〉を徹底的かつ不退転《ふたいてん》の決意で行わないはずもありません。

不審点の徹底的な追及と解明＝『警ら勤務』において確実に成果を出すこと（なお積極的に職質をして、結果相手方《あいてかた》が無辜《むこ》の市民と解ってもそれはそれで成果です。合理的・客観的に不審者に見えた人が、そうでないと解明されたのですから）。これがハンターの特性・文化である以上、白黒付かないうちに尻尾《しっぽ》を巻いて帰るなどあり得ません。

右のことは、①警職法そのものが求める所でもあれば、②地域警察官としての法的義務・プライドが求める所でもあれば、③ぶっちゃけ成果・実績のためでもあれば（実績の問われない公務員など税金泥棒でしょう）、また、④必ず実施状況を監督する上司上官の存在ゆえでもあります。

『停止』を拒否してみると……

かくのごとき特性と文化からして、職質警察官は絶対に諦めません。

よって——

もし読者の方《かた》が停止を拒否すれば（歩いて立ち去ろうとすれば）、警察官は、本書でいう役札《やくふだ》が揃《そろ》っているのを確認した上、〈説得〉ステージを継続しつつ、

Ⅰ　そのまま並行して歩いてきますし

Ⅱ　〈追随《ついずい》〉して後を追ってきますし

Ⅲ　あるいは前に立ち塞《ふさ》がる

ことになります。１名の警察官がⅠⅡⅢをする場合もあるでしょうし、そもそも端《はな》から職質警察官が２名という場合も全然自然ですし、また、もし更に役札が揃うなら、

Ⅳ　３名、４名……と警察官が増殖してゆく

ことにもなります。ⅠⅡⅢを実現するため、必ず応援要請をするからです。

そしてここで、これらは強制でもなければ、強制にわたらない〈有形力の行使〉です、いいいことを思い出してください（35頁・図2参照）。ⅠⅡⅢⅣのため、個別具体のシチュエーションにおいて役札を揃えることは必要ですが、その役はさほど強いものでなくても構わないのです。〈有形力の行使〉未満なのですから。

勝負事のイメージとしては、ワンペア、ツーペアあたりでよいのです。

ⅠⅡⅢⅣをしようと判断する警察官の心理的障壁は、決して高くはありません。というのも、ⅠⅡⅢⅣは既述《きじゅつ》のとおり、アナログな職質ワールドの中で、適法／違法の針がグッと適法に振れる行為ですから。

また無論、警察官の側も、歩いて立ち去ろうとする人への『手出しの限界』を弁《わきま》えていますので、まさか読者の方《かた》に対して直接接触・物理的接触・肉弾的接触を試みようなどとはしません。まさかです。そしてその『手出しの限界』を弁えつつ、ⅠⅡⅢⅣによって、絶対に読者の方《かた》を停止させようとしますし、停止させるまで絶対に諦めません。

加うるに。

もし読者の方《かた》が停止を拒否したとき、走って逃げ去ろうとしたなら、状況は更に悪く

なります。このとき、本書でいう役札が同様のイメージとしてストレート、フルハウスあたりに至っているのなら、職質警察官は、

Ｖ　読者の方《かた》の腕・肩等に手を掛けますし
Ⅵ　役札の強さによっては腰をつかんでくるかも知れませんし
Ⅶ　役札の強さによっては両肩・襟首《えりくび》をつかんでくる

かも知れません。要は直接接触・物理的接触・肉弾的接触の『ガチ接触』を――役札の強弱に応じて――試みてきます。言い換えればいよいよ、〈有形力の行使〉＝〈一時的な実力の行使〉を躊躇《ちゅうちょ》しなくなります。

　このとき、アナログの針は適法／違法いずれにも振れますが……無論、警察官は役札の強弱を弁《わきま》えた適法ギリギリの線で攻めてくることになり、また、警察官はそのときの『手出しの限界』についても訓練を積んでいます（第3章参照）。

　ましてや。

　もし読者の方《かた》がいったんは停止していたのに、急に走って逃げ去ろうとしたとなると、右のⅤⅥⅦといった『ガチ接触』を行うための役札は、同様のイメージとして弱いフルハウス、弱いストレート、いえ時にスリーカードあたりでもよいこととなり、要は、勝

負事が警察官にとって有利に、読者の方《かた》に不利になります。

また、当然のことながら。

読者の方《かた》が停止を拒否する際、職質警察官を『攻撃する』に至ったときは――公務執行妨害罪が成立し得ることに加え――やはり〈有形力の行使〉をされてしまうことになります。このときアナログの針がグッと適法に振れるのは、常識的にも判例上も当然です。

所持品検査を拒否してみると……

節タイトルは、第1章で見た〈承諾《しょうだく》なしに行う所持品検査〉の場合になります。
無論、警察官はこのときの『手出しの限界』も訓練によって弁《わきま》えていますので、
Ⅴ　勝手に読者の方《かた》の鞄《かばん》だのバッグだのポーチだのリュックだのを開くことはまずありませんし
Ⅵ　勝手に読者の方《かた》の在中物《ざいちゅうぶつ》を探ったり採り出したりすることもまずありませんし
Ⅶ　勝手に読者の方《かた》の服のポケット等に手を入れ、在中物を探ったり採り出し

たりすることもまずありませんし

Ⅷ　荷に鍵が掛かっているとき、それを破壊することはない

でしょう。それらは既にガサ＝〈捜索〉であり、強制活動であり、よって裁判所の令状が必要となる行為だからです。

同様に、所持品検査の拒否の際、今度は読者の方《かた》の身体に対して、

Ａ　読者の方《かた》の握《にぎ》り拳《こぶし》を実力で開かせ、指をこじ開けたり

Ｂ　ポケットに入れたままの手を実力で引き抜いたり

Ｃ　荷を押さえ付けホールドしている身体を実力で押し退《の》け荷を回収したり

することもないでしょう。理由は同様で、これらはガサ＝令状を要する行為と考えられるからです。

しかし、そうは言っても……

もし本書でいう役札が、イメージとしてとても強いフルハウス、フォーカード、ストレートフラッシュあたりだとしたなら、警察官の側にも余《よ》程《ほど》の決意と覚悟とが必要ですが（アナログの針がほとんど違法に接しますので）、絶対にⅤⅥⅦⅧ・ＡＢＣの行為をしない訳ではありません。すなわち、ⅤⅥⅦⅧ・ＡＢＣの行為が適法とされる場合もあ

ります。

……というか、警察官がそのような余程の決意と覚悟をするからには、「これこういう理由で、強い役札《やくふだ》も揃《そろ》っていて適法でした」と断言でき、それを事後的にも証明できる場合でしょう。そうでなければ、勝負に負けてしまいますから。

他方で、例えば

Ⅸ　読者の方《かた》の荷の上から手を触れてみる

Ⅹ　読者の方《かた》の服のポケット等の上から手を触れてみる

といった『上からお触り』型のスタイルであれば――無論〈説得〉を重ねたことは大事ながら――本書でいう役札がスリーカードあたりであるのなら（重ねてイメージです）、アナログの針がグッと適法に振れます。

加えて、もし読者の方《かた》が『証拠品と思《おぼ》しき』何かを捨てるなり壊すなり隠すなりしようとしたときは（呑《の》み込む、というスタイルは本当にザラにあります）、

D　読者の方《かた》の手をつかんで制止する

E　足を押さえて制止する

F　鼻を摘《つ》まんで制止する

G　身体を押さえ付けて制止する

といった『制止行為』をされてしまうこととなり、アナログの針はグッと適法に振れます。このときの役札も、イメージとしては、やはりスリーカードあたりで構いません（先のＡＢＣとの違いを比較してみてください）。

――以上、ⅤⅥⅦⅧ・ＡＢＣが精々《せいぜい》『ギリギリセーフ行為』、ⅨⅩ・ＤＥＦＧが『適法の可能性が強い行為』という違いはありますが、そして役札がどこまで揃《そろ》っていてどれだけ強いかという問題はありますが……しかしここで大事なのは、所持品検査の拒否に対しても、どのみち〈有形力の行使〉＝〈一時的な実力の行使〉をされてしまうことです。

イザとなれば警察官はそれを躊躇《ちゅうちょ》しませんし、そのとき警察官は当然、「説得は尽くしていた」「役札は揃っており、しかも強かった」「まして有形力の行使は一時的で、それが不要となった段階で直ちに止めた」等々と証明する準備を終えてしまっています。少なくとも、職質を受ける側としてはそのように覚悟しておかなければなりません。

任意同行を拒否してみると……

さて任意同行の場合は、絶対的に、読者の方《かた》の『同行に応じる意思』が必要となりますので、観念的には、「絶対に行かない!!」と断言し続ければ、その場から無理矢理移動させられることはありません。

この「絶対に行かない!!」の場合、既に第1章で見たように、

I　読者の方《かた》を両側から挟《はさ》んでいわゆるサンドイッチで動かしてゆく

II　無理矢理PC《パトカー》内に押し込む

III　しゃがんでいるのを無理矢理立たせたり引っ張ったりして動かす

といったことは、重ねて読者の方《かた》の『同行に応じる意思』が無いときは、違法です（アナログの針が違法に接します）。

ただこの場合、既にステージが〈任意同行〉であることから、読者の方は序盤戦《じょばんせん》の〈停止〉には応じておられると思います。それでいて抵抗をしておられるのだと思います。

よってイメージとしては、警察官に立ち塞《ふさ》がれているか、追随《ついずい》されているか、並行して歩かれているか、あるいは警察官の方《ほう》が増殖しているか……

しかしそれらの『迷惑な』行為により、そのままＰＣ内なり最寄《もよ》りの交番なりに、ドンドンドンドン誘導されることはありませんしそれは違法です（アナログの針がほぼ違法に接します）。それらの『迷惑な』行為は、飽くまで現場における『停止』のためのものであって、どこかへ『誘導』『牽引《けんいん》』『護送』（!!）してゆくためのものではないからです。

よってこの場合、読者の方《かた》からすれば現場における『包囲された押し問答』が、警察官からすれば現場における『情理《じょうり》を尽くした説得』が、延々《えんえん》と続けられることになるでしょう。無論それが長時間にわたれば、逮捕＝強制活動として違法となりますから、警察官は当然時間も計測しているでしょうが……既に御案内のとおり、役札の強弱により、許されるのが30分未満である場合もあれば、６時間以上である場合もあるでしょう。まして。

もし仮に、①「好きなようにすればいいじゃん」「もう疲れたよ……」と言ってしまったり、はたまた、②顔を背けながらでも頷《うなず》いてしまったり、いえ、③完全に積極的な抵抗をしなくなりいわゆる『大人しくなった』と認められてしまえば……

……読者の方《かた》の、『同行に応じる意思』があったことになってしまいます。

そしてそうなってしまうと、既に第1章で見たとおり、

A　肘《ひじ》付近を押さえて少し引く
B　腕を抱きかかえて両袖《そで》をつかむ
C　服を一時的に手でつかむ
D　肩に手を掛ける
E　手を添えて立ち上がらせる
F　いわゆるサンドイッチ

といった〈有形力の行使〉が、『動作を伴った説得』（!!）として認められる可能性も、現実に行われる可能性もあります。

すなわち、『同行に応じる意思』があったことになると、警察官は具体的な役札の強弱に応じ、やはり〈有形力の行使〉を躊躇《ちゅうちょ》しません。

といって、任意同行において許される〈有形力の行使〉は、停止において許される〈有形力の行使〉よりも遥《はる》かに、著しく限定されますから、そのとき必要な役札というのは、勝負事のイメージとしては強いフルハウス、フォーカード、ストレートフラッシュあたりである必要があるでしょう（無論、例えば右のAとFなら、Fをしようとする

際、Aをしようとするときより、強い役が成立している必要がある訳です）。

対応の最適解（まとめ）

右のとおり、〈停止〉についても〈所持品検査〉についても〈任意同行〉についても、警察官が用意できる役札の強弱に応じ、最終的には、読者の方《かた》に対して有形力の行使＝一時的な実力の行使ができてしまいます。

要は、警察官は、任意活動である職質においてすら、最終的には、物理的な担保手段を行使できる訳です。

よって、『抵抗は無意味』と割り切った方《ほう》が安全で快適です。

警察官にベタベタ触られたり、肉弾的接触をされたりするのは私なら嫌ですし……

ここで、警察官が担保手段たる〈有形力の行使〉のため用意できるその役札というのは、第1章で見たとおり、

〈強制にわたらない〉
〈必要性〉
〈緊急性〉

〈など〉

〈職質のメリットと読者の方《かた》の権利利益のバランス〉

であり、更にはそれらを総合的に判断した、

〈具体的状況のもとで相当〉

という役札でした（31頁、40頁、図3・図5参照）。

これを極めて乱暴に言うと（法律的な正確さを犠牲にすると）、要は〈役札〉とは、読者の方《かた》の具体的な『不審性』如何《いかん》、ということになります。

……そもそも実際上、職質は第1章で見た〈不審者〉に――警職法第2条第1項の要件を充たす〈不審者〉に――対して実施されるもの。そして、その『不審性』を解明し検挙するため実施されるもの。すると詰まる所、説得であれ追随《ついずい》・並行・立ち塞《ふさ》がりであれ、果ては有形力の行使であれ、全ては『不審性』の在《あ》り方如何《かたいかん》・程度如何《いかん》に左右されます。

なら、重ねて極めて乱暴に言うと、この『不審性』を

Ⅰ　一般通行人レベルまで引き下げる

Ⅱ　まるで消滅させる

のいずれかが実現できれば、そこで職務質問は終わりです。警察官は、そこで職務質問を打ち切らざるを得ません。

理由は言うまでもありませんが——警職法第2条第1項が要求する『不審性』が低減しあるいは消滅した以上、警職法に規定する職務質問は、その時点で不可能になるからです。継続すればガチで違法です（なお理論的には、純然たる〈聞き込み〉のような、通常一般人に対する何の強制力も無い質問行為なら適法に継続できはしますが……そんなことを継続しても、職質警察官には何のメリットもありません。何故と言って、所持品検査すらできないのなら、目的たる〈職質検挙《ショクシツケンキョ》〉の実現は不可能だからです）。

——さてそうすると。

読者の方《かた》が、その『不審性』を低減させあるいは消滅させるにはどうすればよいか？

読者の方《かた》が、職務質問を継続しようとする警察官の『押す力』を消滅させるには？

警察官の役札を崩せばよいのです。

右の役札のうち、実際の、現場における読者の方《かた》の『不審性』に直結するのは、〈必要性〉〈緊急性〉〈など〉〈職質のメリットと読者の方《かた》の権利利益のバランス〉

の4枚でしょう。というのも、残りの〈強制にわたらない〉ことは当然の前提ですし、〈相当〉については右の4枚の総合判断ですから。

これを言い換えれば、読者の方《かた》としては、

もう必要性は無い
もう緊急性は無い
その他の特殊事情も無い
名誉やプライバシーの侵害が度を超すようになった

と主張でき証明できればよいと、こうなります。

しかしながら、

……たとえ読者の方《かた》が凄腕《すごうで》の弁護士であったとしても、そのような主張・証明を逐一《ちくいち》してゆく必要はないし、してゆくべきでもありません。議論になれば、警察官の思う壺です。それはかなりの確率でエスカレートし、『抵抗』とされ、よって有形力を行使されたり、「ますます不審性が高まった!!」と記録・主張されることにもつながるからです。

また、時間的コスト・物理的コスト・心理的コストの観点からも、『早期解放・現場離脱こそが目的』なのですから、『早期離脱・現場離脱のために長期議論をする』というのは本末転倒です。

ならばどうするか？

読者の方《かた》が、４枚の役札を崩して、『不審性』を低減させあるいは消滅させるにはどうすればよいか？　警察官の『押す力』を失わせるには？

——そうです。全面協力をすればよいのです。

たった１つの例外的場合を除き、全面協力するのが早期離脱のための最適解です。

無論、警察官のためではありません。

……ＯＢとしてそう断言してしまうのは仁義にもとりますが、私は今《いま》読者の方《かた》のために、一《いち》市民として議論をしています。警察官のために全面協力しろなどと言う気はありません。

読者の方《かた》の時間的コスト、体力・行為その他の物理的コスト、精神力・感情その他の心理的コスト、そして名誉・プライバシーといった権利のため、最適解をお勧めしているのです。

ここで、今までの議論の大前提は、『読者の方《かた》が無辜《むこ》の市民であること』でした。要は、読者の方《かた》が善良な市民であって、犯罪者でも違反者でも何でもないことでした。そんな読者の方《かた》をどれだけ質問しようと、どれだけ所持品検査をしようと、『不審性』などドンドンドンドンドン下がりこそすれ、まさか上がるはずありません。

よって、素直に停止する。正直に回答する。淡々《たんたん》と見せる。議論はしない――

　これだけで、

　〈必要性〉〈緊急性〉〈など〉〈職質のメリットと読者の方《かた》の権利利益のバランス〉

の4枚の役札は崩れます。そしてこの4枚が崩れれば当然、その総合判断としての
　〈具体的状況のもとで相当〉

なる最後の役札も崩れます。

　すると。

　まず〈有形力の行使〉＝〈一時的な実力の行使〉ができなくなり、警察官が担保手段を失うのは当然ですが（役札は有形力の行使のためのものです）、連鎖的に、追随《ついずい》・並行・立ち塞《ふさ》がりといった、有形力の行使になりかねない行為もまた不可能になってゆきます。というのも、再び極めて乱暴に言うなら、不審性の低減に比例して、警察官の

『押せる力』『駆け引きできる力』は低減してゆくからです。それはそうです。それらの力は、不審性を解明するために認められた力だからです。

よって警察官としては、丁寧《ていねい》に謝意を述べ、撤退するよりほかありません。

議論の大前提からすれば、5分10分で解放され、現場離脱できるでしょう。

（なお私は先に118頁で、無辜《むこ》の市民でない方にも同じアドバイスをしていますが、それは、①警察官が絶対に諦めないから、②長期戦になれば不審性は増大しこそすれ低減などしないから、③不審性が増大すれば〈有形力の行使〉も強力になり肉弾戦もあり得るから、④近時の実務として早期の令状請求も躊《ちゅう》躇《ちょ》されないから、⑤そのときの長時間の〈現場留《と》め置《お》き〉については裁判所も積極的だから、です。また今度は元警察官として言えば、⑥それはいよいよ真人間に戻り、犯罪や禁制品や犯罪組織から足を洗うチャンスとなるからです）。

『唯一の例外』（徹底拒否・徹底抗戦すべきとき）

さて、そうは言っても、読者の方《かた》が絶対に協力すべきでない場合はあります。

私は135頁で『たった1つの例外的場合を除き、全面協力するのが早期離脱のための最適解です』と述べました。そう、たった1つ、読者の方《かた》が徹底拒否・徹底抗戦すべき場合があります。

それは端的《たんてき》には、『実力行使をされたとき』です。

具体的には、①いきなり直接接触・物理的接触・肉弾的接触の『ガチ接触』をされたとき。それが〈停止〉に伴う場合も〈所持品検査〉に伴う場合も〈同行〉に伴う場合もあるでしょうが、身体のどの箇所《かしょ》であろうと、またどのような状況であろうと、それが職務質問だと言うのなら（既に逮捕行為等に移行しているときは別論です）、『ガチ接触』はあり得ません。警察官に認められ得るのは有形力の行使＝一時的な実力の行使だけですし、それすら、本書でいう役札《やくふだ》も揃《そろ》わないまま突然行うことは許されません。ましていきなり直接接触してくるなど狂気《きょうき》の沙汰《さた》です。それが職務質問だと言うのなら、警察官がいきなり身体に触ってきたときは、それだけでアナログの針が違法に接します。

あるいは具体的には、②いきなり鞄《かばん》等を取り上げられたり開けられたりしたとき。同様に、いきなり服のポケット等に手を突っ込まれたり在中物《ざいちゅうぶつ》を採り出されたりしたとき。こうした『ヤミ捜索』も許されません。重ねて、それは既に強制活動ですから職務質問の域を超えています。裁判官の出す捜索令状が無ければ絶対に許されないことです。

はたまた具体的には、③先の『ガチ接触』のレベルすら超越して、PC《パトカー》に押し込められようとしたとき。同様に、いきなりいわゆるサンドイッチで身体の両側を抱えられ、ズルズルと移動させられたとき。同様に、いきなり多数の——よくある数字としては4、5名の——警察官に包囲され、圧迫されながら移動を強いられたとき。こうした『無承《むしょう》諾《だく》連行』も許されません。既にいきなりの『ガチ接触』すら狂気の沙汰ですが、『無承諾連行』となるとそれを過ぎ越して、目の前の制服姿の輩《やから》が本当に警察官であるのか、強く疑われるレベルです。

……ここで、かねてから申し上げているとおり、職質の具体的な物語は1つ1つが全て異なります。よって『実力行使をされたとき』が、右のガチ接触・ヤミ捜索・無承諾連行といったタイプに限定されるわけではありません。

しかし、いずれにしろ——

突然の実力行使（読者の方《かた》が何のアクション／リアクションもしていないとき）

継続的な実力行使（当事者にとっての異常事態が終わったのに続くとき）

説得なしの実力行使（読者の方《かた》と言語によるコミュニケーションをとろうとし

ないとき)
は、アナログの針が違法に接します。端的《たんてき》には違法な職務質問・所持品検査・同行になります。そして、違法な職務質問等に耐える必要はまさかありません。
違法な職務質問に対しては、自らの権利を守るため、徹底拒否・徹底抗戦すべきです。加えて、違法な職務質問は、①読者の方《かた》にとっても、②我が国において圧倒的多数を占める善良な市民にとっても、③我が国社会そのものにとっても、④正義を旨《むね》とすべき警察組織自身にとっても不利益で有害です。違法な行為を敢えてする不心得《ふこころえ》な、職質道《しょくしつどう》不覚悟《ふかくご》な警察官は厳しく懲罰《ちょうばつ》されるべきです（大多数は過失によると信じたい所です。というのも、故意により違法な行為をし仮に瞬間風速的に実績が上がったとして、署の私服刑事・署の上級幹部・検察官・裁判官を誤魔化《ごまか》しとおせるはずが無いからです。そのとき待っているのは処分であり要は退職です）。ただ悲しいことですが、社会のどのような組織・部門であろうと一定数は、①怠惰《たいだ》により技能・法的知識を不足させている者、②いわゆる不良《ゴンゾウ》が生まれますので、①②のような腐ったミカンを排除すべく、納税者＝オーナーたる市民がアクションを起こすのは、警察組織自身のためにもなります。
（ただ、時間的コスト・物理的コスト・心理的コストに鑑《かんが》み、『耐《た》え難《がた》きを耐え、忍《しの》び難《がた》きを忍んで全面協力する』というのも、正義には全く適《かな》いませんが、狂犬による被害を最小限にするという意味では、人間として合理的な選択肢の１つです。といって、例えば私個人はそうしませんが……）。

徹底拒否・徹底抗戦のスタイル

徹底拒否・徹底抗戦の方法は、これまた状況によりアナログで多様ですが――まず、絶対に任意に協力しない旨《むね》を告げること。絶対に承諾《しょうだく》しない旨《むね》を告げること。明確に、言語と動作と態度とで、徹底的に。目撃者が期待できれば、大いにアピールしましょう。ヤミ捜索型の所持品検査が始まってしまっているときも、「いったん閉じてください」「いったん返してください」「その上でお話を聴いて判断します」等と明確に主張しましょう。そうした拒否の状況は、後々に裁判となったときにおいて、裁判所に詳細に調べられますから。よってわずかでも『協力すると示した』『承諾すると示した』『返却を求めなかった』痕跡《こんせき》を残しては、後々《のちのち》不利になります。

また目撃者が期待できるのなら、できるだけ騒ぎにしましょう。正確には、できるだけ冷静に騒ぎにしましょう。ここで、読者の方《かた》の側の『実力行使』はお勧めできません。

公務執行妨害の現行犯、なる難癖《なんくせ》で、逮捕されるリスクすらあります。ゆえに『脅迫』となる言葉も禁句となります（無論、公妨《コウボウ》は違法な公務については成立しませんが、警察官に襲われた現場でそんな議論をしても実益は無いでしょう……）。しかし、大声や悲鳴を上げること、警察官の違法を訴えること、周囲に助けを求めることその他は、まさか『実力行使』ではありません。そしてそうした切迫した肉声による抵抗も、後々《のちのち》裁判となったとき、『どれだけ嫌がったか？』『どれだけ抵抗したか？』『どれだけ警察官が無茶をしたか？』の判断に際し、読者の方《かた》の側に有利に働きます。ただ重ねて、公《こう》憤《ふん》・興奮のまま騒ぎにするのでなく、周囲に認知してもらう・周囲に助けてもらうという目的のため、飽くまで冷静に騒ぎにしましょう（難しいですが……）。

あとは――

警察官が違法なガチ接触・ヤミ捜索・無承諾連行をいったんは止めたなら、どうにか怒りを抑え、状況を『リセット』しましょう。というのも、何を抗議し何を議論しようと、警察官が「適法で適正な職務執行です」以外のことを言うはずありませんから（「違法でしたスミマセン」など120％ありません）。それも時間的コスト・物理的コスト・心理的コストの無駄です。

我慢に我慢を重ね状況を『リセット』したとき、右の諸《しょ》コストがバカバカしいので、警察官の説得に応じて『最適解』の全面協力に転ずるのもよいでしょう（正義の観点からは論外ですが、正義の通じない狂犬からは、できるだけ急いで『距離をとる』手段を講じるのがヒトの判断です）。

しかしどうにも納得できなければ――そのままゆっくり歩いて自宅等の家屋内まで帰るようにしましょう。追随《ついずい》・並行・立ち塞《ふさ》がりをされてもガン無視しましょう。間違っても走り去ってはいけません。走って逃げようとした、として、警察官の〈役札〉を強めてしまいます。

このとき、再度違法な実力行使がなされれば『振り出しに戻る』で、徹底拒否を言語・動作・態度で明確にするとともに、できるだけ騒ぎにします（なお重ねて、緊急の救助を求めるという意味で『騒ぎ』にするのであって、現場や警察官を混乱させるために『騒ぎ』にするのではありません。後者の場合、逃亡のために現場を混乱させようとした、などとして、やはり警察官の〈役札〉を強めてしまいます。文言《もんごん》・態度・身振り等には、腹が立ちますが注意しましょう）。

なお、右のような違法なガチ接触・ヤミ捜索・無承諾連行については、後々《のちのち》のための

『状況の保存』『証拠化』が必要ですから、スマホ等により動画撮影・録音をしましょう。
ここで、最終的に警察署、交番等へ〈同行〉されてしまったときは、役所の庁舎内における無承諾撮影・無承諾録音には難《なん》がありますから（後述）、筆記・入力の方法により、

『職質警察官全ての識別証のアルファベットと数字』
『対応した警察署幹部の職名・階級・氏名・連絡先』
『関係警察官の発言・動作・態度全て』

を、できるだけ詳細に記録するようにします。

他方で、右のような違法な行為がない職質のとき、スマホ等により動画撮影・録音をすべきかどうかは、私個人としては消極に解します。そのことについては後述します。

苦情を入れたいとき

法律論と実態論に分けます。

法律上、警察に対する苦情を入れる制度として、警察法（警職法、ではありません）第79条に規定する〈苦情の申出《もうしで》等〉なる制度があります。

これは、各都道府県警察を管理する〈都道府県公安委員会〉に対し（東京都公安委員

会、大阪府公安委員会、愛知県公安委員会等々……）、この場合は「こんな職質でひどい目に遭《あ》った!!」という旨《むね》の不満等を文書で申し出て、その処理結果を文書で回答してもらう制度です。

その具体的な手続は、〈苦情の申出の手続に関する規則〉なる国家公安委員会規則が定めていますので、この規則の題名で検索していただければ、どのような苦情文書・不満文書をどのように作成し提出すればよいのか、直ちに分かります。

よって詳細は措《お》いて、主要ポイントと市民にとっての有利不利を申し上げれば、

Ⅰ　必ず文書回答がなされる（メリット）

Ⅱ　文書回答のために必要な内部調査が行われる（メリット）

Ⅲ　苦情を入れるための文書は、代書してもらうこともできる（ややメリット）

Ⅳ　Ⅲの文書には、苦情を入れる職質の日時・場所と、具体的な行為その他の事案の概要を記載する必要がある（負担。右頁記載の内容が重要になってきます）

Ⅴ　Ⅲの文書には、職質による具体的な不利益か、不満の内容を記載する必要

がある（前者を選ぶならやや負担）

Ⅵ　警察部外《ブガイ》の者による調査は行われない（デメリット）

Ⅶ　文書回答についての期限は定められていない（デメリット）

Ⅷ　文書回答に様式はなく、『誠実に処理』したものであればよい（デメリット）

となります。よって一般論として、苦情を入れた市民の『期待する内容』が文書回答されるかは……アナログの針が否《いな》に振れるのかなあ、とも思います。

あと法律上は、請願法《せいがんほう》、なる法律の規定に基づき警察に苦情を入れることも可能ですが……しかしこれは、警察法の規定に基づく苦情の申出より、まあその、意味がありません。というのも、請願法の規定に基づく請願については（苦情もこれに入りますが）、処理経過・処理結果を回答する法的義務がないからです。よって請願法の規定に基づく請願は、要は『言い置く』『投げ込む』に過ぎません。まして警察俗諺《ぞくげん》には「いわれなき苦情は受けない」なる、まあ、威風堂々《いふうどうどう》たるものもありますし。

それでは、警察に苦情を入れるときの実態論はどうか、というと――

①現場で紛議《ふんぎ》になった上、警察署へ行くにしろ、②現場がいったん解散になり、警察

署へ行く／警察署に架電《かでん》するにしろ、対応にあるいは電話に出てくるのは大抵、〈地域課長代理〉なる警部か、〈地域課長〉なる警視・警部です。ここで、実際に職質を実施している警察官の99・99％は〈地域警察官〉である、という話を思い出してください。これらの警部・警視は、その担当課長（管理職）となります。

これを裏から言えば、警察署長だの副署長だのには、まずアクセスできません。少なくとも、当初からはアクセスできません。

かつて、元国家公安委員会委員長が――要は元《もと》警察担当大臣が――渋谷の道玄坂《どうげんざか》で職質を掛けられ、徹底拒否したところ紛議《ふんぎ》となり、現場で少なくとも30分以上、かつ渋谷警察署で少なくとも15分以上、あれこれと『押し問答』になったそうですが……このとき対応に出てきた管理職は、どうやら右の〈地域課長代理〉と〈地域課長〉だけだったとのこと（正確な職名は確認できませんでした）。この元大臣はその後、結果としては副署長にも出会えているのですが、それは副署長が偶然、元大臣の顔を識別できたから。まして元大臣は、副署長・管理職・職質警察官らに対し、『長説教』『長演説』というかたちで抗議・苦情を入れたそうですが……ではそれで謝罪・弁解が聞けたかというと、否《いな》です。そして渋谷警察署長はといえば、確認できる限り、顔を出してもいなければ、何らのアクション・リアクションをとってもいません。相手方《あいてかた》が元大臣、しかも元警察担当大臣であるときでさえ、徹底拒否となれば警察官からは解放されませんでしたし、抗議のため警察署長に会うこともできなければ、誰からも謝罪一言《ひとこと》受けることができなかったのです。

このように、一般論としては、職質について苦情を入れたいときでも、精々《せいぜい》が警察署の担当課長に『言い置く』しかありません。まして謝罪・弁解・具体的説明など期待できません。私自身、退官してから、純然たる一《いち》市民として、〈地域警察官〉の職務執行に苦情を入れるべき事案を経験しましたので、警察署に激怒しながら架電《かでん》したことがあるのですが……やはり当該《とうがい》署の〈地域課長代理〉がノラリクラリと「適法です」「妥当です」「そんな義務はありません」「答えは変わりません」等々を繰り返すだけだったので、本当に精神衛生に悪かったのを覚えています（30分ほど抗議を続けたのですが、まあその、敵の出方も解っていますし、電話代がもったいないので諦《あきら》めました）。

他方で、警察署でなく〈警察本部〉に苦情を入れますと――具体的な担当課は検索で容易に分かりますが、一般的には〈監察課《かんさつか》〉〈監察官室〉〈広聴係《こうちょうがかり》〉が窓口となってくれます――利害関係のない警察官が対応してくれますので、こちらが冷静ならば話はまず聴いてくれますし、所要の調査や関係警察署とのとりなしをしてくれる傾向にあります（私の右の場合はしてくれました）。しかし結局の所・当座《とうざ》の所は、当事者である職質警察官や警察署の管理職がどう証言しているかに依拠《いきょ》するしかありませんので（その意味でも利害関係がありません……）、どれだけ〈監察課〉等の警察官が傾聴《けいちょう》してくれたとして、また同情してくれたとして、事態の迅速なあるいは根本的な解決にはつながりにくいです。

それでは、職質に対し苦情があるときは、泣き寝入りするしか無いのかというと――最終的には、国家賠償法《こっかばいしょうほう》第１条の規定により、警察を訴えることができますし、法律的にはそれしかできません。いわゆる国賠《コクバイ》訴訟です。警察＝行政に対して何を言っても仕方が無いので、いよいよ裁判所＝司法にジャッジしてもらう、というかたちになります。

『職務質問』という警察活動が国賠訴訟の対象になることには争いがありませんし、事実、警察の違法を認定した判決も多々あります。というか、それら国賠訴訟が、本書でも見てきた警職法ワールドにおける数多《あまた》の判例法を――特に薬物事犯に係る数多《あまた》の刑事訴訟とともに――形成してきたというべきです。超古典的で、正直言葉足らずな警職法に修正パッチ・修正プログラムを適用し続けてきた当事者は、国賠訴訟や刑事訴訟で警察・自治体・国と戦ってきた、いわば苦情当事者・抗議当事者といえます。

……国賠訴訟はむろん訴訟ゆえ、訴訟費用も掛かりますし、弁護士費用もバカになりませんが、「どうしても許せない!!」「幾ら掛かっても警察を懲《こ》らしめる!!」「絶対に泣き寝入りしない!!」といった場合は、時に最高裁まで、国賠訴訟を戦い抜くこととなるでしょう。

「どうせ権力同士なのだから、裁判所だって警察の味方をするんだろう?」とお感じになる読者の方《かた》も多いでしょうが、しかし裁判所・裁判官としては、警察に味方・肩入れするメリットは何もありませんし、行政のチェック機関・法令の最終的な解釈機関として、確固たるプライドを有してもいればメンツも重んじます。要は、『裁判所を虚仮《こけ》にするようなふざけた行為は許さない』『堂々と反抗するのであれば徹底的に懲《こ》らしめる』という意識を持っています。ゆえに、時に警察に対し激怒・激昂《げっこう》します。例えば以下の言葉は、実際の、違法な職務質問に対して裁判所が出した怒りの判決からの、そのままの引用です。もちろん、怒りの対象は職質警察官です……

「到底《とうてい》信用できない」「不自然で、信用性に乏しいものといわざるを得ない」

「非常に曖昧《あいまい》で、極めて不自然である」「経緯の一部を殊更《ことさら》隠そうとしていることをうかがわせる」「判断した根拠自体曖昧《あいまい》である」「説明は著しく合理性を欠いている」「到底信用し難《がた》い」「真実をありのままに供述しようとしてないことを示している」「警察官証人らの供述よりは被告人の供述のほうがはるかに真実に近い」「3名の警察官は、そろって、当公判廷において真実に反する供述をして、被告人に対して行われた所持品検査の実態を隠蔽《いんぺい》しようとした」「このことは、同警察官らが、自分たちの行為の違法性を十分に認識していたことを示すもの」

できれば避けたい行為

以上、善良な市民が職質を受けたときの『最適解』と『その例外』について述べました。

ただ巷間《こうかん》では、紙媒体《かみばいたい》でもネットでも、職務質問への対抗策というか、「職質を受けたらこうしろ!!」といったかたちで、諸々《もろもろ》の行為や発言がお勧《すす》めされている例がありま す。

試みにそれらを読んでみると、元警察官としては「ウン成程《なるほど》そのとおり!!」「すごく研究しているなあ……」と納得してしまうときもあれば、「いやそれはちょっと……」「そんなことをしてもメリットは無いのに」と違和感を感じてしまうときもあります。

よってここでは、読者の方《かた》にデメリットを及ぼしかねない、後者のタイプの行為・発言について検討し、本番・実戦における御対応の参考にしていただきたいと思います。

「任意ですか？　強制ですか？」

第1章でも触れたとおり、節タイトルの台詞《セリフ》は、職質ワールドにおける永遠の流行語大賞です。

令和3年現在では、誰もが検索数秒で職務質問の法的性質を調べることができますので、かつてはマル暴さんの専売特許《せんばいとっきょ》のようだったこの台詞《セリフ》も（ちなみに極左＝過激派であれば一言《ひとこと》も口を利かないため、この台詞《セリフ》すら出ません）、昨今では極《ごく》普通のＯＬさんや極《ごく》普通の高校生さんからパッと出て、何ら不自然ではありません。まさか『不審』でもない。

無論、1当務《トウム》24時間において職質を掛けないことがない〈地域警察官〉はもう既に耳《みみ》胝《たこ》。むしろ、この台詞《セリフ》を聞かない日の方《ほう》がめずらしいでしょう。

そして紙媒体でもネットでも、時に『必ず最初にこれを確認すべき』『こちらの法的知識を示すべき』『警察官に活動の限界を警告しておくべき』旨《むね》の記載を見掛けることがありますが……

できれば避《さ》けた方《ほう》がよろしいかと私は思います。

より正確には——おっしゃるもおっしゃらないも全くの任意で御自由で権利ですが、おっしゃる意味が無いので、唾液《だえき》と時間の無駄遣いは避けた方がよいかと私は思います。何故意味が無いかは、第1章をザッとお読みいただいた読者の方《かた》には既に自明だと思いますが、回答が決まっているからです。「太陽は東から昇りますか？」「雨の降る日は天気が悪いですか？」という質問と一緒です。

というのも——

職務質問は任意活動である。強制にわたってはならない。極《ごく》普通のOLさんでも極《ごく》普通の高校生さんでも知っています。まして、日々何件も何件も職質を掛ける〈地域警察官〉なら寝言でも出てくるでしょう。いえ、警察学校の巡査生徒にとっても常識です。

ならこの永遠の流行語大賞というのは結局、

「あなたのやろうとしていることは、適法な行為ですか、違法な行為ですか？」

という質問と一緒になりまして、ならその答えは

「もちろん適法な行為です」（＝「もちろん任意です」）

に決まっています。俺はこれから違法な行為をするぞ、などと申し立てる警察官がいようはずもありません。無論、過失で答え方を間違えるはずもありません。

よって、「任意か強制か？」を確認することに意味はありませんし、それが警察官を牽制《けんせい》する度合いは０％です。これを問われた警察官が、その後やろうとしている活動の内容を変えることは１２０％ありません。このことは、職質における最初の〈停止〉ステージであれ、その後の〈所持品検査〉ステージであれ〈任意同行〉ステージであれ、全て一貫して変わりません。何故と言って、職質ワールドの全ての行為は『任意活動』だからです。

そして、既に耳胝《みみたこ》な台詞《セリフ》ゆえ、右のとおり警察官は何ら牽制《けんせい》されませんが、といって別段不快に思うこともありませんし、挑発もされませんし、まして「ウム、こんなことを言うからには不審だ!!」「こんなことを言うからには不審性が高まった!!」などとバカな判断をすることもありません。

――これを要するに、節タイトルの台詞《セリフ》は精々《せいぜい》、「こんばんは」「どうでっか?」「お寒いですねえ」程度のコミュニケーションでしかありません。よって唾液《だえき》と時間の無駄遣いと言いました（無論、誰にも無駄遣いをする自由と権利があります）。

なお例外として、左に挙げる①②のタイプの質問は有意義です。すなわち――

①警察官が『これは職務質問である』旨《むね》を明らかにしないときは、「これは職務質問ですか?」と訊くことに意義があります。というのも、全く有形力の行使ができない通常の〈聞き込み〉と、役札《やくふだ》が揃《そろ》えば有形力の行使ができる〈職務質問〉とでは、市民が被《こう》むるデメリットがまるで異なるからです。ＴＶや映画の中の私服刑事は、まさか追随《ついずい》・並行・立ち塞《ふさ》がり・上からお触りなどしませんよね。すなわち、〈聞き込み〉＝純然たる一般の質問活動は、純度１００％の完全任意であるばかりか、有形力の行使を許しません。他方で、〈職務質問〉は役札さえ揃えば、一時的な実力行使による『押し引き』『駆け引き』を許します。よって、今自分がされているのは〈ただの質問活動〉か〈職務質問〉か、それを確認しておくことには意義があります。

②警察官がイザ違法なガチ接触・ヤミ捜索・無承諾連行をしようとしたときは、「それは任意活動ではありませんよね?」と訊くことに意義があります。それはそうです。

これは「任意ですか強制ですか?」という挨拶ではありませんから。「お前のやっていることは強制で、違法だ」という苦情で抗議で牽制《けんせい》ですから。これは意義がある以上に、しっかり言っておかないと、後々裁判所も「黙示《もくじ》の承諾があった」「態度による承諾があった」等々と認定しかねません。

……とまれ、単に声を掛けられたとき、単に所持品検査を求められたとき、単に任意同行を求められたとき、「任意ですか強制ですか?」と質問することに、挨拶以上の意味はありません。令和3年の今時、嫌がらせにもなりません。

「警察手帳を見せてください」

市民が職質警察官に対しこのように求めるのは、全くの任意で御自由ですが、職質警察官が制服の〈地域警察官〉である場合、私個人としてはお勧めしません。

何故と言って、第1に、法律上・判例上、職質警察官にはこの求めに応じる義務が無いからです。第2に、職質警察官が何者かを記憶・記録しておきたいというのなら、職質警察官の階級章の上の〈識別証〉に明示された『アルファベット2文字+数字3桁《けた》』を確認すれば足りるからです（これは警察官各人に1ずつ付与されていますので、重複《ちょうふく》無く個人を特定できます）。第3に、実際上この求めは『警察官に対する不信』を示すために行われることが多く——重ねてこの求めをすることは全くの任意で御自由ですが——よって、現場の雰囲気とコミュニケーションの質を悪化させるからです。

そもそも職質は、制服勤務の〈地域警察官〉によって実施されることがほとんどですから、①その制服・制帽（活動服・活動帽）、②階級章に識別証にエンブレム、③警棒・手錠・拳銃入れ・無線機その他の装備品、④そして時に自転車・PC《パトカー》によって、『職質警察官がホンモノの警察官であること』は一目瞭然《いちもくりょうぜん》です。それら全てをデッチ上げることは、常識的にはまず不可能でしょう。

いいえ、『全てがデッチ上げだと考える』のも市民の任意で御自由ですので、そのときは、管轄警察署等の電話番号をネットで検索し、「この識別番号を持つ警察官は御署《おんしょ》にいますか？　この識別番号の警察官は本当に御署《おんしょ》の警察官ですか？」等と確認をすれば、必ず裏が取れます。要は、『ホンモノか』『誰か』を確認・特定するのに、警察手帳の呈示など必要ありません（もっとも、警察官の側で全くこだわらずに呈示してくる場合もあるでしょう。コミュニケーションの質によっては、それが有効であるときも、強いて拒否するのが損であるときも当然ありますから）。

これらのことを踏まえ、まず法令上の議論をすると。

法律レベルでは、無論、警職法がどう定めているか、それがどう解釈されているかによりますが――

その警職法は、職務質問が実施できる主体を『警察官』と規定していますので、適法に職質を実施するためには『相手方の市民に、自分が警察官であることを知らせなければならない』こととなります。既に述べたとおり、法律上は私服刑事でも交通の女警さんでも『警察官』ですから適法に職質ができますが（25頁参照）、特に私服刑事であるなど、外観上『警察官』であることが明確でないときは、当然に警察手帳を示すべきでしょう。示さないとくれば、「警察手帳を見せてください」という求めも当然に必要、いえ時に不可欠となるでしょう。私個人としても、この場合は、警察手帳の確認をお勧めします。

他方で。

先に述べたとおり、制服の〈地域警察官〉にあっては、外観上『警察官』であることが明確です。このことについて裁判所は、「警察官が職務質問をするに当たっては、自らが警察官であることを明確にすれば足り、それ以上に官職、氏名までも明らかにする必要はないと解すべきである」と解釈しました（判例。なおその文脈について後述）。

――要するに、警職法という法律と、裁判所の判例によれば――法律レベルでは――このようなとき、警察官に警察手帳を呈示《ていじ》する義務はないのです。言い換えれば、職質を受けた市民が「警察手帳を見せてください」と求めても、それに応じる義務はありません。

ただ、話を法令レベルにまでクローズアップすると（国会と裁判所の判断よりも詳しく見ると）、中央省庁たる国家公安委員会が定めた『警察手帳規則』は、このことについて、

職務の執行に当たり、警察官……であることを示す必要があるときは、証票《しょうひょう》及び記章《きしょう》を呈示《ていじ》しなければならない（第5条）

と規定し全国警察官に義務を課しているところ、しかし中央省庁の規則は国会の法律・裁判所の判例の内容に縛られますし（規則は法律より弱い）、また『警察官……であることを示す必要があるときは』なる規定振《ぶ》りですので、外観上『警察官』であることが明確である〈地域警察官〉については、一般に、この規定の適用を受けることはないと

考えられます（ちなみに右の『証票』とは、警察手帳をパカリと開いたときの上部分＝写真・氏名・階級部分のことで、右の『記章』とは、下部分＝金属製のエンブレム部分のことです）。

さてここで。

実際の現場、リアルな攻防において問題となるのは――職質慣れしておられる市民がよく御存知《ごぞんじ》なのは――通達レベルの話です（この場合の『通達《つうたつ》』とは、ザクッと言えば各都道府県警察が独自に定める命令・内部指示のことで、よって無論、法令より弱いものです）。特に具体的で象徴的なのは、A『警視庁警察職員服務規程《きてい》』なるものと、B『警視庁警察手帳規程《きてい》』なるものです。すなわちC『警視庁警察手帳規程の運用について』なるものです。すなわち〈Aの第5条＋Bの第18条＋C〉によって、警視庁＝東京都警察においては、

職務の執行に当たり、相手方から身分証の呈示を求められたときは、職務上支障があると認められるときを除き、本体を開いて証票及び記章を呈示し、所属、階級、職及び氏名を告げなければならない

といった旨《むね》が定められていると解する余地があるのです（条文等は数秒で検索できま

す）。

……とまれ、もし右の解釈が正しいとすれば、ＡＢＣはいわば東京都警察が定めた内部指示ですから、東京都においては（他の道府県警察は当然に無関係となります）、職質警察官には、相手方から求められれば警察手帳の呈示義務がある、しかもパカリと開いて呈示する義務がある、ということになります。

ところが……

法学の大前提として、通達は絶対的に法律に劣後します。それはそうです。通達は役所が勝手に定める命令・内部指示に過ぎず、およそ立法権＋司法権の定めた所に逆らえようはずもありません。そして右のＢについて、司法権＝裁判所は結局、先のとおり

警察官が職務質問をするに当たっては、自らが警察官であることを明確にすれば足り、それ以上に官職、氏名までも明らかにする必要はないと解すべきである（158頁・159頁の判例、傍点筆者）

との解釈を示しました。この判決は確定しています。ということは結局、職務質問をするに当たっては、『官職、氏名までも明らかにする必要はない』＝『少なくとも警察手帳をパカリと開け階級・氏名部分を示す必要はない』となります。

……このように、警察手帳の呈示については若干、複雑で煩瑣《はんさ》な議論がありますが、少なくとも法律上・判例上、職質警察官に警察手帳の呈示義務がないことは明らかです。

ここで、「東京都では呈示しなきゃ命令違反だろう‼」等と法律的な議論を仕掛けることは、それはもちろん任意で御自由ですが……しかし法的な問題がその現場では絶対に解決されない以上（最終的には市民の側が訴訟を提起することが必要）、この議論は、その現場では絶対に結論の出ない不毛な、出口の無い議論となってしまいます。

もしそれが職質警察官の特定と記録のために必要だ、というのなら、識別証の識別番号で必要十分。もしそれが職質警察官を牽制《けんせい》する目的で為《な》されるというのなら、それは要は「お前を信用しない。だから協力もしない」という宣戦布告ですから（重ねて任意で御自由ですが）、コミュニケーションの質を悪くし、コミュニケーションを敵対的な方向へ向かわせます。早期解放・現場離脱をもって市民の目的・勝利とするなら、我《われ》と自《みず》ら出口の無い議論ルートへ突入するのは悪手《あくしゅ》です。実際論として、市民にはこのとき警察官の判断を改めさせる『武器』『手札』『手駒』がまるで無いのですから……

また、見せる／見せない、義務がある／義務はないと、押し問答をしている時間的コストも無駄でしょう。実際上は、何の躊躇《ちゅうちょ》もなく呈示する警察官もいれば、絶対に呈示しない警察官もいるでしょうが――しかし後者の場合、法律上の義務が無い以上、どれだけ押し問答をしても暖簾《のれん》に腕押《うでお》しです。少なくとも、私が職質を受けた当事者だとして、『絶対に警察官に警察手帳を出して開かせる』手段は1つもありません。それならばと警察署に苦情・抗議を入れたとして、「適法妥当な職務執行です」なる決まり文句が帰って来るだけ。このときは物理的コスト・心理的コストも無駄になります。

――というわけで。

「警察手帳を見せてください」は、全く御自由ですが、私個人としてはお勧めしません。

「録音します」「録画します」「撮影します」

市民としては、特に我が国において圧倒的多数を占める善良な市民としては、時に自分の権利利益を守るため、職務質問の状況、職務質問のプロセス、職務質問における警察官の具体的言動等を、『証拠化』『証拠保全』したいと強く考えるときもあるでしょう。

私自身、職質警察官による違法なガチ接触・ヤミ捜索・無承諾連行については積極的に証拠化すべきと考えますし（143頁参照）、もし私がその被害者となったなら、職質警察官に対し「違法にわたる行為がありますから、撮影させていただきますね」等と宣言して、どう言われようと、スマホを使って録音・録画すると思います。いやします。

しかしながら。

私個人としては、例えば警察官から声掛けをされた段階ですぐに、あるいは警察官によって停止させられた段階ですぐに、録音・録画を開始するかというと……

私個人としてはしません。

無論それをすることも市民の任意で自由ですが、早期解放・現場離脱を市民の目的・勝利と考えたとき、

①警察官の判断・行為が取り敢えず適法と思われ（違法の指摘はまだできず）
②不快・無礼・挑発にわたるケシカラン言動もなく
③スマホなりICレコーダなりの外表を含む所持品の検査をとっとと終わらせてもらいたい

ときは、コミュニケーションの質と時間的コスト・物理的コスト・心理的コストに鑑《かんが》み、録音・録画をするメリットが感じられないからです。重ねてそれは私個人の考えなので、読者の方《かた》がどう思いどうするかは全く御自由です。

——ただ、録音・録画については、市民の側に、次のような注意が必要ではあります。

第1に、巷間《こうかん》で蔓延《まんえん》している『警察官には肖像権《しょうぞうけん》が無い』『職務執行中の警察官には肖像権が無い』『だから動画撮影を拒否できない』といった情報は、全てデマだということ。警察手帳を呈示する義務があるかどうかの議論に似ていますが、しかし肖像権の議論はよりシンプルです。すなわち、『警察官にも肖像権が認められ得る』『職務執行中の警察官にも肖像権が認められ得る』『だから警察官が動画撮影を拒否できる場合もある』というのが法律的な正解となります。これは憲法上そうなります。

したがって、職質警察官を撮影することが、最終的には『違法であった』と裁判所に判断されてしまうケースもあり得ます。そして実際上、どんな場合に適法で、どんな場合に違法なのかの判断基準は――今の所――裁判所も明確に示してくれてはいません。要は全て、撮影する市民の側の自己責任となります。

第2に、右のとおり裁判所の判断基準が明確ではありませんので、やはり警察手帳の呈示に関する議論同様、撮影できるできないは、その現場では絶対に解決されない議論です。最終的には、市民の側が訴訟を提起しなければならない問題です。よってこれまた、その現場では絶対に結論の出ない不毛な、出口の無い議論となってしまいます。

警察官の判断がどれだけ不当・違法と思えたところで、市民の側にはそれを撤回させせるカードが1枚もありません（ただ、元警察官としては不穏当なことを言えば、いきなりスマホを取り上げるとか、スマホを持つ腕に触れ無理矢理動かすとか、スマホの画面をそれを持つ手ごと押さえ付けるなどすれば……それはガチ接触型・ヤミ捜索型の違法な〈有形力の行使〉果ては〈強制活動〉に当たりましょうから、そのときは『明らかに違法な行為をした』として、市民の側のカード・武器が増えるでしょう）。

第3に、警察署・交番・駐在所・PC《パトカー》内における録音・録画は、不可能かあるいは極めて困難です。というのも、役所の庁舎にはいわゆる〈庁舎管理権《ちょうしゃかんりけん》〉が強く働くからです。『関係者以外立入禁止』『庁舎内全面禁煙』『保険勧誘禁止』等は典型的な例ですが、喫煙を制限できるように、録音・録画も適法に制限できます。

というのも、①自由な録音・録画を許せば、時に職務上の秘密にわたる会話・文書・調度《ちょうど》備品・装備品・職員の数・職員の勤務状況・職員の配置状況といったものを、無制限に開示してしまうことになりかねないからです（なお警察に関しては、そうした情報全てが警察に対するテロ行為等に活用されてしまいますので、そうした職務上の秘密にわたるものを保護する必要性がより高いです。実際、フロアマップ、時に『何階に何課があるか』すら公開されてはいません）。また、②自由な録音・録画を許せば、たまたま居合わせた他のお客様の――それは一般市民でもあれば、警察の場合は被疑者・参考人である場合もあるでしょう――個人情報もまた無制限に収集されることになりかねません。

そういう訳で、各都道府県警察はこの〈庁舎管理権〉の内容と効果を明確化するため、それぞれの〈庁舎管理規程《きてい》〉を明文で定め、録音・録画を許可制にしていることが多いです。言い換えれば、警察署・交番・駐在所といった警察庁舎においては、明文の規定をもって、無許可の録音・録画が禁止されていることが多いです。そしてそれは完全に適法です（仮に録音・録画について明文の規定がなくとも、大抵は他のいずれかの条文によって規制されています）。よって、強いて録音・録画をしようとすれば、その行為の制止その他の〈有形力の行使〉すらなされることがあり得、それも適法です。

他方、ＰＣが『庁舎』かどうかには疑問もありましょうが、しかしＰＣ内の構造設備、ＰＣ内の装備資器材《そうびしきざい》、ＰＣの保安・防護水準、ＰＣの定員、ＰＣの性能を示すあらゆる機器、ＰＣ内における会話・無線通話の内容、あと、あるとすればＰＣ内の執務資料等々もまた職務上の秘密にわたり、警察として保護する必要性の高い情報です。よって自由な録音・録画は認められません。ここで、『認められません』というのは、例えば情報公開制度においても全て『不開示』あるいは『真《ま》っ黒塗《くろぬ》り』となる情報である、市民がそもそも自由にアクセスできない情報（音声・動画を含む）である、という趣旨です。

「任意同行でパトカーに乗せられればそんなもの見えちゃうじゃないか」「だから不開示にする意味がないじゃないか」という御疑問も生じましょうが、例えば、『警察署へ適法に入庁した市民がフロアマップを見てしまう』ことと、そもそも『市民一般にフロアマップを開示する』ことでは、まるで意味が違います。見えてしまうときは仕方ありませんが、じゃあ見せろと求められても見せる訳にはゆきませんし、見せないことは適法です。

——以上のような注意点を踏まえ、また、職務質問なるフィールドにおいて最終的に御自身が目的・勝利とするのは何なのかを踏まえ、実益ある御判断をなさるのがよいと考えます（重ねて例えば、明らかに違法な行為を証拠保全することには実益があるでしょう）。

「職務質問の根拠を教えてください」

節タイトルの要求には、意味がある場合と、意味のない場合があります。

まず意味のない場合から考えると……それが「職務質問の法的根拠を教えてくださ い」という意味のとき。これは先の「任意ですか強制ですか？」同様、唾液《だえき》の無駄遣いです。というのも、そんなものは「警察官職務執行法第2条です」に決まっていますし、もう少しお堅い警察官なら「警職法第2条と裁判所の判例です」に決まっているからです。そしてこれが議論（？）の結論と出口で、職務質問のプロセスに何の影響も与えることはできません。警察官がひるむことも牽制《けんせい》されることもありません。警察学校の巡査生徒レベルの『常識』ですから。

ただ、①市民が真実、知識として知っておきたいとか、初めて質問されたので活動の法的性質を理解したいとか、そうした真摯《しんし》な動機をお持ちのときは、『知識が豊かになる』という実益があるでしょうし、②また警察官としても、自分のやっていることの根拠を真摯に問われれば、説明責任を果たすのが正しい在り方でしょう（しかし一般論として、例えば現行犯逮捕されるとき、その法的根拠が『刑事訴訟法第213条である』ことを知っても、市民としては嬉しくもなければ実益も感じないのではないでしょうか。余談ですが）。

——他方で。

節タイトルの要求が、「私に職務質問をした法的根拠を教えてください」という意味のとき。これには意味と実益があります。大いにあります。というのも実務上、もし読者の方《かた》が職務質問をされたとすれば、それは職質警察官によって〈不審者〉であると認められたからです。言い換えれば、読者の方《かた》に〈不審者〉であるという嫌疑が掛かったからです。

さてこれについては、縷々《るる》議論したとおりですが、警職法第2条第1項に規定する〈不審者〉であるためには、『異常な挙動《きょどう》その他周囲の事情』を根拠にした、客観的・合理的判断がなければなりません（86頁以下参照）。その根拠がなければそもそも〈不審者〉に該当せず、よってそもそも職務質問は実施できません。端《はな》から実施できません。

この『異常な挙動その他周囲の事情』等の実際についてはまた後述しますが、とまれ、これこそが『職務質問というフィールド』を成立させる基盤であり、そしてこれこそが、読者の方《かた》が職務質問というフィールドに『留まらなければならない』基盤です。

ならば、①それが果たして客観的・合理的に判断されているのか、いえ、②それがそもそも存在しているのかについて、読者の方《かた》が確認したいと考えるのは当然ですし、読者の方《かた》にはそれを確認する『権利』があると考えます（先の例で言っても、現行犯逮捕されるとき、条文番号などどうでもよいにしろ、具体的なルールを守っているかどうかを知ることは極めて重要でしょう）。すなわち職質警察官には、『そもそも職質を開始できるのだ』『その要件を充たしているのだ』ということにつき、説明する『義務』があると考えます。

したがって、「私に職務質問をした法的根拠を教えてください」＝「私についての〈異常な挙動その他周囲の事情〉を教えてください」という質問には、大いに意味と実益があります。読者の方《かた》からすれば、その回答如何《いかん》によっては即、現場離脱できるからです。

……といって。

職質警察官が余程《よほど》のマヌケでない限り、〈異常な挙動〉×〈周囲の事情〉については、30秒～1分程度で説明できてしまうでしょう。例えば「いや、この大学の周りではチャリパクが本当に多くて。統計も出ていて。それで、今夜も警戒を強めていたら」（周囲の事情）、「貴方《あなた》、そもそも無灯火のまま自転車漕《こ》いで来られたし。急にブレーキ掛けて、横道に入ろうとしたし」（異常な挙動）等々の説明に、まさか10分掛かりません。

そもそも警ら≒職質なるハンティングに臨む以上、出会《であ》い頭《がしら》の拾いもの、飛んで火に入る夏の虫を別論とすれば、最初から『狩り場』なり『狙い目』なりを想定している訳で。まして勤務の都度《つど》必ず、毎日毎日、昼夜を問わず何度も何度も職質をしている訳で。なら、『狩り場』『狙い目』なりの特性を、キレイな言葉で言い換えることは何も難しくありません。

まして、警察官がこのように〈異常な挙動〉×〈周囲の事情〉をともかくも説明し終えたなら、事実上、その客観的・合理的を現場において争うことは不可能です。どうしてもその違法不当を白黒付けたいと言うのなら、事後的に訴訟を提起するしかありません。「いや私は異常な振《ふ》る舞《ま》いをしていないし、ＴＰＯからして全然不審じゃない!!」云々《うんぬん》と議論しようとしたところで、それは現場では絶対に結論の出ない不毛な、出口の無い議論であり水掛け論です。このとき警察官が自分の判断をくつがえすことはありませんし、「なら質問に答えていただけますよね」「なら持ち物を見せていただけますよね」で終わりです。

実際に、真実、まったく、全然自分が善良な市民であるとき、不審者である疑いを掛けられるのは心底ムカつくでしょうが、しかし読者の方《かた》の目的・勝利を考えたとき（早期解放・現場離脱）、「いや私は不審じゃない!!」と長期戦の口火を切るのは大損です。出口戦略が描けませんので。

するとだんだん目的とする所がズレてきて、「署長が謝れ!!」「上司が一筆《いっぴつ》入れろ!!」といった、時間的コスト・物理的コスト・心理的コストが掛かる上、まず実現できない目的のため、いつしか読者の方《かた》のほうから超長期戦を仕掛けてしまうことも稀《まれ》ではありません。

……時間的コスト・物理的コスト・心理的コストを考慮したとき、「いや私は不審じゃない」旨《むね》を最も低コストで証明できるのは、先に述べた『最適解』＝完全協力です。ムカつく、不快だ、殺してやりたい等々のストレス（心理的コストの一種）を考慮してもなお、完全協力の方《ほう》が安上がり、というか格安です。

「不審であることを証明してみろ」「署長が謝れ」コースに突入してしまえば、1時間以上いえ3、4時間を覚悟しなければならないかも知れません。何せ出口がありませんので……他方で、耐《た》え難《がた》きを耐《た》え忍《しの》び難《がた》きを忍《しの》んで、「狂犬に絡《から》まれたら、距離をとるのが何よりだ」「どうせ何も出てきやしないのに、バカな奴だ」とハイハイハイハイあしらっておけば、10分いえ5分で現場離脱となることも充分期待できます。

以上をまとめますと――

節タイトルの質問は、①〈不審者〉である根拠の確認ならば有意義ですが、②平均的で真っ当な警察官ならスラスラ答えますし、③その主張の当否《とうひ》を争うことは不毛で大損です（無論「どうしても違法だから絶対に許さん」とお思いのときは、事後的に損害賠償を求めて警察官と都道府県を訴えることとなるでしょうし、それも市民の絶対的な権利です）。

「任意なら応じません」

お勧めしません。

警察のためでなく、読者の方《かた》のためにお勧めしません。

言い換えれば――元警察官としては破廉恥《はれんち》ながら、「警察のことなどどうでもよい、市民の権利利益だけを考える」との立場を採ったとき、この対応はまさかお勧めできません。

その理由は、『職質された!!　対応の最適解は……？』の節で申し上げたとおり、『抵抗は無意味』だからです（117頁以下参照）。

その節でもそれ以降でも、何故『抵抗は無意味』なのかは、職質のプロセスである〈停止〉〈所持品検査〉〈任意同行〉のそれぞれについて、詳細に申し上げました。それを再論することはしませんが、警察官は絶対に諦めないこと、警察官には〈有形力の行使〉という担保手段があることは、重要なので繰り返しておきます。

あと付け加えるとすれば——言い方はともかく——抵抗すればするほど『警察官を喜ばせる』だけだということでしょうか。警察官の視点に立てば、徹底拒否する相手《あい て》方《かた》こそ、おたからである可能性が強い相手方です。「見るな!!」と言われればより見たくなるでしょうし、「言わない」と言われれば是非《ぜひ》訊き出したくなります。不審性の解明こそが、警察官の責務でありメリットだからです。

また徹底拒否の場合、警察官は当然、言語による説得を継続するでしょうが……するとそのとき相手《あい て》方《かた》は、①『完全沈黙』するか、②『逐一《ちくいち》拒否の旨《むね》を訴える』かするでしょう（なお職質ワールドにおいて『黙秘権』なる言葉を遣う必要はありません。そもそも職質は任意活動ですから、相手方の権利義務に何らの変動を生じさせません。権利義務が全く変わらないのですから、〈職質の現場で黙っている権利〉は、〈読者の方が御自宅で黙っている権利〉と同様に、最初から完全保護されています）。

……ところが、右の①の場合だと、「質問に全く回答せず終始《しゅうし》不可解な沈黙を続けたから」といった理由で、また右の②の場合だと、「情理《じょうり》を尽くした度重《たびかさ》なる説得を執拗《しつよう》に拒否したから」といった理由で、またもや警察官を喜ばせてしまいます。言い換えれば、①②のいずれも、当初の不審性が更に増大した、ますます不審性が強まった、だから質問継続の必要性等が高まった……という『警察官ロジック』を許してしまうからです。

ここで、右の『必要性』なる言葉に注意してください。そうです。〈必要性〉〈緊急性〉〈など〉〈バランス〉は、警察官に有形力の行使を許す『役札《やくふだ》』でしたね。すなわち、①②のいずれも、質問の継続に理由を与えてしまうばかりか、担保手段たる〈有形力の行使〉に理由を与えてしまうのです。警察官を喜ばせるだけ、と申し上げた所以《ゆえん》です。

そうは言っても。

様々な御事情から、「どうしても拒否したい」「絶対に立ち去りたい」という人もいるでしょう。たとえ我が国において圧倒的多数を占める善良な市民であっても、具体的な状況においては……そうですね……『性的な書籍や玩具をリュックに入れている』『ハサミ、ツールナイフ、十徳ナイフ、果物ナイフ等々を着衣に入れている』『とても貴重で壊れやすいフィギュアやプラモデルをバッグに入れている』といった事情から、「できれば拒否したいなあ」「できれば帰りたいなあ」と考えるのは全く自然です。また、「こんな公衆の面前で／衆人環視《しゅうじんかんし》の中で持ち物検査なんてされたくない」と考えるのも全く自然です。

といって、縷々《るる》述べたとおり、そうした方々であっても『抵抗は無意味』ですし『最適解』は変わりません。よって完全拒否・部分拒否をするよりは、そうですね……条件交渉等をした方《ほう》がよいと思います。

ここで、たとえ警察官の側が任意同行を求めなくとも『市民の側で場所の移動を求めること』は最初から完全に自由ですし、貴重品だから特に丁寧《ていねい》に取り扱ってくれと求めることも当然で完全に自由ですし（そのときは警察官も配慮します――賠償《ばいしょう》責任を負いたくないので）、「ちょっとギャラリーには見せられないので、こっちの方でコッソリと……」と求めることも道理ですし完全に自由です（見せてくれるというのなら、警察官も無下《むげ》に断りはしないでしょう。警察官にとっても、長期戦にはメリットがないのですから）。

刃物と思われるものについては、善良な市民が普通に持ち歩く程度の物は、「買ってきた物を持ち帰るところです」「私は料理人です」「友達に返す予定でした」「今日職場で使ってました」「PTAで工作がありました」等々と正当な理由を述べれば普通それで終わりですし（正当な理由は大事なので説明できるようにしておきたいところです）、また、性的な物件をただ持っているだけで罪となることはありません（しかし児童ポルノは絶対にダメです、その大きな例外です）。

「弁護士を呼ぶぞ」「弁護士に電話する!!」

これは確実に抗議か、確実に牽制《けんせい》ですね。

読者の方《かた》の目的・勝利を『早期解放・現場離脱』と考えたとき、特に時間的コストの観点からお勧めはしませんが、全くの任意で御自由です。

ちなみに、職務質問というのは犯罪捜査そのものでなく、犯罪捜査の端緒《たんちょ》＝キッカケを得るための任意活動に過ぎませんので、例えば『逮捕』『取調べ』『勾留』といったもろ犯罪捜査のステージと異なり、弁護士先生には何らの特別な法律的権利も保障されていません。

裏から言えば、職質を受けている読者の方《かた》が弁護士先生に連絡する法律的権利も、弁護士先生を選べる法律的権利も、弁護士先生と立会《たちあい》なく面会できる法律的権利も特に定められてはいません。

　といって無論、右は『最終的に、警察官がどう言おうとそれらを実現できる権利がない』という意味であって、『それらを試みること』『それらを警察官に告げあるいは頼むこと』は全くの自由で権利です。それはそうです。職質を受けようが受けまいが、職質が純度１００％の任意活動である以上、読者の方《かた》の権利義務は全く変動しないのですから。

　言い換えれば、職質の現場においてであろうと、自宅で猫と遊んでいるときであろうと、読者の方《かた》の権利＝できることは一切変わりません。自宅で猫と遊んでいるときに、弁護士先生を呼ぼうが呼ぶまいが完全に自由で勝手でしょう。職質の現場においても完全に自由で権利です。

　とはいえ。

「弁護士を呼ぶぞ」「弁護士に電話する!!」が、特に時間的コストの観点からお勧めできないのは……弁護士先生に電話するにしろ、弁護士先生に来てもらうにしろ、当然ですが、『通話時間』『到着までの時間』『現場における説明等の時間』を要するからです。

すなわちこれは、読者の方自《かたみずか》らが、積極的に長期戦を選ぶことだからです（あと吝嗇《りんしょく》なことを言えば、弁護士先生はまさかボランティアでなし、所要《しょよう》のお代をお求めになるでしょう。すなわち金銭なるコストも発生します）。

加えて、ならこれによって職質警察官がひるみ、職質の続行を躊躇《ちゅうちょ》したり、職質のための説得・有形力の行使を諦《あきら》めたり、職質を打ち切ったりするかというと……

平均的で真っ当な警察官であれば、否《いな》です。まさかです。

警察官によっては「どんどん不審性が増してきたな」と判断するかも知れませんし（このことによる役札の変動によりますが）、あるいは「これで現場離脱は無くなったな」と安堵《あんど》するかも知れませんし、弁護士先生を丁重《ていちょう》にお迎えするため、他の警察官やPC《パトカー》の応援要請をするかも知れません。どのみち現場は盛り上がってしまいます。

まして平均的で真っ当な警察官であれば、「弁護士に電話する‼」と言われたなら、「そうですか、どうぞ」「どうぞどうぞ、お早く」とでも言うでしょう。弁護士先生が職質警察官に何かを強制することはできませんから、警察官としてはこれを拒否しあるいは妨害する理由がありません。

このとき、どのみち弁護士先生は『職質警察官が電話に出ること』をお求めになるでしょうが、同様の理由から、警察官が会話を拒絶しあるいは躊躇《ちゅうちょ》する理由もありません。警察官によっては「つながりましたか、私が御説明しましょう」と、喜んで自分からスマホを渡すよう言うでしょう。

そして電話にしろ、直接臨場《りんじょう》にしろ、弁護士先生がおっしゃるのは――

任意なら拒否する
続行するなら令状をとれ

しかありません。前者にあっては既に検討しました（なお前者の発言は、職質現場の何方《どなた》が言っても結果を変えません。弁護士先生であろうとお友達であろうと一緒です）。

また後者の「続行するなら令状をとれ」型であっても、平均的で真っ当な警察官が躊《ちゅう》躇《ちょ》することはありません。役札《やくふだ》が揃《そろ》ったときの〈有形力の行使〉が無令状で可能なのは縷々《るる》論じたとおりですし、もし職質現場において居合わせた第三者が――弁護士先生であろうとお友達であろうと――職務質問を妨害しようとするのなら、それもまた〈有形力の行使〉の対象となってしまいます。また、弁護士先生には令状請求を強制する手段がありませんので、結局のところは、またもや出口のない水掛け論が続くこととなります。

……いえ、やや優秀でセンスある警察官なら、『警察官にとっても長期戦は損』であることに鑑《かんが》み、議論の最初期段階ですぐさま「じゃあ令状請求しちゃいますね、捜査員に連絡します」なるカードを切ってくるかも知れません。こうなると、弁護士先生カードは読者の方《かた》にとって悪手《あくしゅ》となります。正確に言えば、早期解放・現場離脱を目的・勝利とする読者の方《かた》にとって悪手となります。というのも、この令状請求カードを切られてしまうと（正確には『その手続に入りますカード』ですが）、警察署の私服刑事たちが舞台に登場せざるを得なくなるからです。イザ犯罪捜査に切り換えるとなれば、その仕事は、地域警察官かぎりでは絶対に処理できませんから。そうなると結局、職質警察官は、

「それでは以降、対応するのは当署の後藤刑事以下5名となります」
「後藤刑事は、私の言うことが客観的でないと申しております」
「後藤刑事としても間違いのないよう正確な御事情を伺《うかが》いたい、弁護士先生の御意見も頂戴《ちょうだい》したいと考えております」
「御足労《ごそくろう》ではありますが、弁護士先生も御一緒《ごいっしょ》に、当署にお越しください」

等々と言うでしょう。このとき弁護士先生も、どのみち職質現場で『およそ頭のよろし

くない制服のおまわり如《ごと》き』と水掛け論をしても埒《らち》が明かない以上、令状請求の最終的な権限を持っている警察署の担当者と、話をしようとするでしょう（まして実際の所、令状請求などされない方《ほう》が雇い主の利益ですから、料金分の義務を果たそうというのなら、警察署の私服刑事とネゴシエーションをしようと思うでしょう。街頭・立ちっ放し・衆人環視《しゅうじんかんし》・制服警察官ウジャウジャは、弁護士先生を含む誰にとっても損ですし……）。

これを要するに、弁護士先生カードを徹底的に切ると言うのなら、相当な確率で、舞台が『警察署』に移ってしまうおそれがあるのです。それは善良な市民であり、早期解放・現場離脱を目的・勝利とする読者の方《かた》にとって、まるでメリットの無い『自発的任意同行』『依頼型任意同行』になってしまいます。

あと耳学問《みみがくもん》ですが、電話対応してくれる弁護士先生はそれなりにおられるところ、現場にまで臨場してくれる弁護士先生は実際、あまりおられないとか（某《ぼう》県警察のベテラン警視から「自分が経験したのはこれまでにお一方《ひとかた》だけ」なる話を聞きました……よって実体験でも統計でも何でもありませんが）。

というわけで、本節の対応も、私個人としては賛成しません……重ねて、全くの任意で御自由ですが。

なお本節の最後に、『弁護士先生からのメール』『弁護士先生からの文書』が現場に届いたとしても、事情は全く変わらないことを付け加えておきます（それは職務質問の段階においては、『お友達からのメール』『お友達からのお手紙』と全く変わりません）。

実務・現場における〈不審者〉の判断

序章では、『何度も声を掛けられるタイプの人間と、1度も声を掛けられないタイプの人間がいる』なる警察神話がある程度正しい、という話をしました。それゆえ第1章では、その法律上の『判断基準』は何か、という話をしました。それは要は、警職法第2条第1項に規定する、〈不審者〉の法律的な判断基準でした（86頁以下参照）。

ここでは、なら実務的な判断基準は何か……言い換えれば、職質の実際の現場において、職質警察官がどのようなかたちで〈不審者〉を見出し、見極めているのかを見ましょう。

まず、警職法第2条第1項に規定する〈不審者〉というのは要は、

異常な挙動《きょどう》その他周囲の事情から合理的に判断して何らかの犯罪を犯し、若し

くは犯そうとしていると疑うに足りる相当な理由のある者のことでした。これを実務的に分解・解読すると、〈不審者〉の不審性というのは要は、

〈異常な挙動〉×〈周囲の事情〉＝不審性

となります。

すなわち不審性の判断基準・判断根拠は、〈異常な挙動〉と〈周囲の事情〉の掛け算です。堅い言葉で言えば、法令用語の『その他』とは『並列的例示関係』を意味しますから、①異常な挙動だけではダメ、②周囲の事情だけではダメで、③両者のいわば『合《あ》わせ技一本《わざいっぽん》』である必要があります。また、④両者の掛け算ですから、仮に〈異常な挙動〉が比較的小さくても、〈周囲の事情〉が比較的大きければ必要な閾値《いきち》を超えることになりますし、逆もまた然《しか》りです。加えて、⑤両者の掛け算ですから、どれだけ〈異常な挙動〉が大きくても、〈周囲の事情〉がゼロ近似であれば要件を満たせないことになりますし、逆もまた然《しか》りです。

なお念《ねん》の為《ため》ですが、無論ここで言う不審性というのは、『何らかの犯罪を犯したと疑うに足りる相当な理由があること』又は『何らかの犯罪を犯そうとしていると疑うに足りる相当な理由があること』です。それが、〈異常な挙動〉と〈周囲の事情〉との掛け

算によって判断されると、こうなります。

さて法律上、前頁の〈異常な挙動〉というのは、

言語・動作・態度・着衣・携行品等が、通常ではなく、怪しい、不自然と思われること

と解釈されており、また前頁の〈周囲の事情〉というのは、

時間・場所・環境等

のことだと解釈されていましたね（86頁参照）。

——極めて実務的に・乱暴に言い換えてしまえば、これは要は『挙動を観察したとき、TPOにそぐわない』ということです。T（Time、時間）、P（Place、場所）、O（Occasion、状況）から浮いている、ということです。TPOに俄《にわか》に生じた違和感、ということです。

ここで、読者の方《かた》も、日々無意識に観察している通勤経路・通学経路、駅、街路、教室・職場、果ては自室について、突然に「ん？」と違和感を感じることがあると思います。その時点では全く理由が解らないけれど、「ん？」と心がざわめく瞬間があると思います。

それは例えば、実は、昨日までは営業していたタピオカミルクの店が看板を撤去してしまっていたとか、バス停のベンチの角度が変わっていたとか、エントランスのドアの重さが微妙に違っていたとか、コピー機がキレイに掃除されていたとか、御家族が無断で蔵書《ぞうしょ》の整理をしたとか、今日のバスではやけに女性の声が目立つとか、電車の中でいつもは感じない微《かす》かな臭いを嗅いだとか、銀行のATMコーナーがどことなく荒れた感じがするとか……それはもう様々な例が挙げられますが、ここで申し上げたいのは、『人間は、無意識の内に日々接している周囲の言動・環境をよく観察・記憶しており、それが常態《じょうたい》と異なるとき、自然と違和感を感じる』ということです。もっと些末《さまつ》な（？）例を挙げれば、帰宅してみたらどうも今夜は自宅の空気が張り詰めている、どうも今夜は恋人の／奥さんの言動に棘《とげ》がある（ハラハラするが、しかしまだ理由は解らない）――といったことは、どなたも経験したことがありましょう。

この『どこか違う』『いつもと違う』『普段と違う』といった、市民でも自然に感じる俄《にわか》で不思議な違和感、当初は理由が分からない心のざわめき、これが『TPOにそぐわない』の実態で、だから警察官にとっての

（異常な挙動）×（周囲の事情）＝不審性

の本質です。

といって警察官は、特に警ら勤務において日々、勤務の都度《つど》、毎回毎回、何度も何度も警らコースを巡行していますし、だから乱暴に言えば、①『街の空気』『地域の雰囲《ふんい》気《き》』『場所の常態《じょうたい》』を自然に観察し自然に脳裏に焼き付けています。ゆえに当然、②『街・地域・場所に存在する人々』のノーマルな在り方も、自然に観察し自然に脳裏に焼き付けています。また警察官が職務上接するのは、一般市民もさることながら、むろん不審者・被疑者も少なくありませんので、③『街・地域・場所に存在する不審者・被疑者』の在り方も、自然に観察し自然に脳裏に焼き付けています（その水準が、警察官個々の知識・経験・技能によって異なるのは当然ですが）。

何が言いたいかというと――

『どこか違う』『いつもと違う』『普段と違う』といった違和感は、人間誰もが自然に感じるものですが、こと警察官については、そうした誰もが感じる違和感に加え、警らのプロとして『事件事故・体感治安・治安水準に関する違和感をも感じる』『それらに特化した感覚も発達している』ということです。それはそうです。観察する場所・観察する人・観察する目が、市民よりも特殊だからです。

これについても実に乱暴な喩《たと》えをすれば、銀行員はお金持ちとそうでない人を識別できるでしょうし、医師は救急の措置を必要とする患者とそうでない人を識別できるでしょうし、コンビニの店員さんは「あっヤバい人だ!!」という客をたちまち識別できるでしょう。プロとしての日常的で無意識な観察を、毎日毎日、自然に積み重ねているからです。言い換えれば、プロとして——一般市民は感じない——『どこか違う』『いつもと違う』『普段と違う』といった違和感を感じる『センサー』を、知らず知らず鍛《きた》えているからです。

そうしたプロとしての特殊な感覚が、法律と判例の求める『不審性の判断は客観的・合理的なものでなければならない』なる要求に応える基盤となります。

これを、警察官の具体的な判断プロセスに即して論じれば、平均的で真っ当な警察官は、

Ⅰ　徒歩であれ自転車であれPC《パトカー》であれ、警らにおいては常に観察の『制空圏』を広く持ち（至近距離は当然ながら、実際にかなり遠方までを見ています）

Ⅱ　広い観察の『制空圏』において、視覚・嗅覚・聴覚による『アクティブソ

ナー』を常に発し（制服・ＰＣそのものがアクティブソナーになることもあります）

Ⅲ　『どこか違う』『いつもと違う』『普段と違う』といったＴＰＯにそぐわない対象を発見するや

Ⅳ　たちまち身体・車両の反射として対象に急接近しつつ（考えている暇《いとま》は無いし考えません）

Ⅴ　急接近の過程で、又は対象に声掛けした段階で、Ⅲの違和感を〈異常な挙動〉×〈周囲の事情〉として言語化する（Ⅲの違和感を法律が求めるスタイルに翻訳して説明可能にする）

こととなります。

様々な『判断基準』が囁かれるが……

不審性の現実の判断基準に関しては、巷間《こうかん》でも様々なことが、時に面白可笑《おもしろおか》しく書かれています。私が今ザッと調べてみた限りでも、

刺青《いれずみ》をしている、夏に長袖を着ている、前歯が抜け落ちている、腕に包帯等を

巻いている、急に靴紐《くつひも》を直す、警察官を見て反転する、警察官を見てスマホを架けるフリをする、警察官にいわゆる逆職質《バンカケ》をしてくる、警察官を見て至近の建物に逃げ込む、ガタガタの高級車に乗っている、黒色フィルムを貼《は》った汚い車に乗っている、鍵がガタガタの自転車に乗っている、自転車の防犯登録が擦《こす》られている、着衣は汚いのにブランド品を身に帯びている、気候に関係なく大量の汗を掻いている、手が異常に震えている、顔色がどす黒く不潔感がある、身振り手振りがとにかく大きい、唾《つば》をよく飲み込む、唾をよく吐く、何故か声が大きい、自転車の前籠《まえかご》を覆《おお》っている、金髪・茶髪で一見ミュージシャン風である（!!）……

等々の実体験・風聞《ふうぶん》がありましたが、既に御理解いただけているように、仮に結果としてそういうタイプの対象が『大当たり』であったとしても、それを一般化して『判断基準』と考えることには、まるで意味がありません。警察学校の教科書でも、警察の執務資料でも、警察官が執務の参考として著《あらわ》した書籍でも、まさかそんな単純な、バカげたことは記載していないはずです（どのみち『警察活動の具体的手法に関する情報』ですので、それらは全て不開示情報であり、読者の方《かた》にも私にも確認する術《すべ》が皆無《かいむ》ですが）。

……右に列挙したタイプの『俗流《ぞくりゅう》判断基準』だけを論じることには、重ねて、まるで意味がありません。警察官はそんな単純な、バカげた、素人《しろうと》でもすぐに職質警察官になれてしまうようなそんななまやさしい基準で〈不審性〉を判断している訳ではありません。もしそんな基準で判断しているとおっしゃるのなら、それは現場警察官に対する侮辱です。

というのも。

繰り返しているように、職質ワールドは、「警察官を見て反転したら職質可《か》」「ガタガタの高級車に乗っていたら職質可」なる、そんな0か1かのデジタルな世界ではないからです。職質ワールドにおける〈不審性〉というのは、だから職質に入《はい》れる要件というのは、飽くまでも——

（異常な挙動）×（周囲の事情）＝不審性

の掛け算です。よってこれが、イメージとしては10×0になるときも、1×5になるときも、3×3になるときも9×2になるときもあります。具体的には例えば、「警察官を見て反転した」なる異常な挙動の異常レベルは、具体的状況に応じて1かも知れませんし100かも知れませんし、いえ客観的・合理的には0かも知れません。そして掛け算の項に0が入ったなら、どれだけ「警察官を見て反転した」としても不審性は0、職質には入《はい》れません。また、掛け算の項に1だの2だのが入ったなら、どれだけ「警察官を見て反転した」としても、職質に入《はい》るだけの閾値《いきち》を超えることは難しいでしょう。これを本書の言い方で言い換えれば、たとえ「警察官を見て反転した」としても、その行為の不審性の値＝アナログの針は、具体的状況に応じて左右に振れ続けます。より一般化すれば、『Aという行為を行ったから、不審性があり職質ができる』なるデジタルな考え方は全て誤りです。

よって結局、不審性の判断というのはやはり――

挙動《きょどう》がTPOにそぐわない、挙動がTPOから浮いている

ということに帰結し、よってどうしてもその現実の具体例を見たいというのなら、裁判所が出した判例を1つ1つ熟読することになるでしょう。職質の具体的な物語は、1件1件全て異なりますから。

――ここで、『何度も声を掛けられるタイプの人間と、1度も声を掛けられないタイプの人間がいる』という、ある程度正しい警察神話について考えると、『何度も声を掛けられるタイプの人間』というのは、要は、①無意識的にTPOから浮くことを止めら

れない人間か、②解ってはいてもＴＰＯから浮くことを止められない／止めたくない人間です。生活習慣・趣味嗜好・癖《くせ》・行動パターンが、何らかの理由で、常態《じょうたい》としてＴＰＯにそぐわない人間です。

それも具体的な生活習慣等によって様々なパターンに分けられましょうが、やはり、警察官がその制空圏をスキャンしたとき、『どこか違う』『いつもと違う』『普段と違う』と無意識的に違和感を感じてしまうそんな人間です。

デジタルな判断はできませんので、飽くまでもイメージとして言えば――

前述の①は、生活習慣としてファッションにも清潔さにもこだわらない人間とか、行動パターンとして目的なく繁華街をうろうろするのが大好きな人間（重ねてそれ自体は何ら不審とは言えません!!）、前述の②は、暴力団員としてのメンツ・文化を保持しなければならない人間とか、もう止めたくても覚醒剤を止められない人間（だから中毒者としての症状が出てしまっている人間）、といった感じになるでしょう。

しかし、くどいようですが、なら①②に直ちに職質を掛けられるかというと、まさかそういうシンプルな／デジタルな話ではありません。イザ①②に職質を掛けようというのなら、『挙動がＴＰＯから浮いている』とどれだけ裁判所（ジャッジ）に主張できるか、すなわち——

（異常な挙動）×（周囲の事情）＝不審性

がどれだけ大きくてどれだけ言語化できるか、によります。だから①②の人間が仮に『何度も声を掛けられる』とすれば、③そうした生活習慣・趣味嗜好・癖《くせ》・行動パターンが、裁判所も納得するほどの不審性として言語化できる水準にある、そうした水準をいつもいつも維持してしまっている——と、こういうことになります。

「俺ばっかり!!」「もうX回目だ!!」「狙《ねら》い撃《う》ちじゃないのか!?」なる怨嗟《えんさ》の声は、ネットで数秒検索すれば枚挙《まいきょ》に暇《いとま》がありませんが……平均的で真っ当な警察官を想定したとき、③の言語化が可能なら（事後的に裁判所も納得するレベルで可能なら）、同じお客様であろうと常連さんであろうと、むしろ責務として職質を掛けなければなりません。「常連だからいいだろう」なる判断は、かえって常連さん等を優遇するものですし、そうでなくとも「不審性は全く変わらないけれど、今日は面倒だから止めとくか」「今日は暇《ひま》だから仕掛けてみるか」なる判断は、かえって客観性を欠く恣意的なものです。無論「何故自分ばかり職質されるんだ?」（＝自分の〈不審性〉は何なんだ?）と問い糾《ただ》すことは、常連でなくなるためにも、あるいは、敢えて常連で在り続けるけれど早期解放・現場離脱を目指すためにも、有益なことです。警察官には〈不審性〉を説明する義務がありますから。

職務質問の場所

これまで、職務質問の実務・実際について話してきました。

その最後に、『職務質問はどこで行われるのか?』『職務質問はどこで行われやすいのか?』について触れます。

まず法律論としては、職務質問を実施できる場所に制限はありません。それは警職法第2条を読んでいただければ解るとおりです。

しかしながら、なら警察官が読者の方《かた》の御自宅等に踏み込んできて職質を掛けるかというと、大々原則としてそれはあり得ません。何故と言って、そもそも人の住居、組織の拠点・事務所・アジト等々に踏み込むのなら――それは既に具体的な事件捜査の場合でしょうが――そうした『城攻め』には、裁判官の発する令状を要するからです。ちなみに警職法は、一定の場合における『他人の土地、建物』等への強制的な立入《たちいり》権限をも規定していますが(第6条第1項)、これは極めて要件が厳しい例外的な権限となっており、よって、大震災・ビル倒壊・爆弾テロ・騒乱《そうらん》等々でもない限り、また、まさに家の中で犯罪者が暴れているといった超ホットな現象が生じていない限り、御自宅等に踏み込まれて職質を掛けられるおそれは皆無《かいむ》に近いです。

他方で、デパート・スーパー・量販店《りょうはんてん》、映画館・ライブハウス、ホテル・旅館、レストラン・居酒屋、駅・バスターミナル、テーマパーク・スタジアムといった、多数のお客さんが来集《らいしゅう》する場所については、法律上、警察官の立入《たちいり》権限がより緩《ゆる》やかな要件で認められていますし（同条第２項）、それに裁判官の発する令状など不要ですので――常識的に考えても、また実際によく目撃されるとおり、警察官がデパートに入れないとか、スーパーに入れないとか、駅構内に入れないとかはおよそ想定し難《がた》いですね――そうした公共の場所においては、街頭同様のかたちで、職務質問を受けることがあるでしょう。

実務論・実際論をすると、警察官が職務質問をする場所は、これも実際によく目撃されるとおり、ほとんどが街頭か、街頭と同視できるほど公開されている公共施設になります。

何故と言って――現実に職質を実施する警察官の99・99％が、交番等の〈地域警察官〉だからです。要は街頭を『警ら』する責務を負った警察官だからです。この『警ら勤務』がほぼ職質実施と同義とされていること、その本質が犯罪者の〈ハンティング〉であることは前述しました。また、主として平成10年代の『治安崩壊クライシス』において、街頭犯罪・侵入犯罪が鰻登《うなぎのぼ》りだったこと、よってハンターたちは街頭における職務質問を強化、いえ超絶的に強化しなければならなかったことも前述しました。

なお、既に見た〈任意同行〉が行われたとき、職務質問の場所が警察署・交番・駐在所・PC《パトカー》の中となるのは当然で、無論適法です（同様に、雨宿りをしたり、危険な坂道を避けたりして移動したその先も、また適法な職質場所となります）。

『狩り場』はあるか？

①職務質問の本質が犯罪者の〈ハンティング〉であり、②警らを責務とする地域警察官が〈ハンター〉である以上、常識的・一般的に考えて、〈狩り場〉を見定めて設定していない、などと思う方が無理でしょう。

どこで狐《きつね》が狩れるか。どこで雉《きじ》が狩れるか。どこで猪《いのしし》が狩れるか。どこで熊が狩れるか。はたまた、アムールトラが狩れる場所はあるか……

これら動物は無論、ターゲットとする『犯罪』の比喩《ひゆ》ですが、それなりのハンターであれば、獲物《えもの》の習性と実態とを分析し、獲物への接近方法・接近時間等々も入念に考えた上で、成果が期待できる『狩り場』へと出撃するでしょう。

比喩《ひゆ》をより現実的にしますと――警察署管内《かんない》の犯罪統計上、自転車盗《とう》が多発している地域、侵入盗《しんにゅうとう》が多発している地域、あるいは薬物取引・薬物使用の風評《ふうひょう》・特徴があるいわゆる〈汚染地域〉〈汚染物件〉、暴力団員の活動が活発な地域、公共物の破損・落書き等が多い地域（いわゆる『割《わ》れ窓《まど》理論』）、あと、近時においては公園・コンビニ・カフェチェーン周辺も重視されましょう。振《ふ》り込《こ》め詐欺《さぎ》の、いわゆる受《う》け子《こ》が出現するからです。

……しかしながら、右も比喩《ひゆ》でしかありません。

そうした場所なら狩り場にする、といった、0か1かのデジタルな話ではありません。そうした場所についての〈周囲の事情〉、すなわち不審性のアナログな判断によって、攻め方・押し方・狩り方の軽重《けいちょう》が出てくるのは当然です。また優秀なハンターであれば、狩りを多目的にするでしょうから、一《ひと》つ所《ところ》にこだわって「鳴くまで待とうホトトギス」ということもありません。

また狩り場の見定めは、警察署・交番・駐在所の具体的な実情と、警察署長の判断にも左右されます。何故と言って、①警察署の管轄区域の特性は、約１１５０の管轄区域それぞれについてまるで異なりますし、②管轄区域内は更に交番・駐在所の所管区《しょかんく》に分割されますが、その特性も、約１万２５００の所管区それぞれについてまるで異なるからです。言い換えれば、各警察署のそれぞれで、また各交番・各駐在所のそれぞれで、地域住民のための喫緊《きっきん》の重要課題・重要活動はまるで異なるからです。よって例えば、『当署が重点課題とすべき犯罪は何か？』『ウチの交番が重点課題とすべき犯罪は何か？』も、まるで異なってきます。それは最終的には、警察署の全能神である警察署長の経営判断によって決まります。

　したがって例えば、極論、署長が「当署はオレオレ詐欺に全振《ぜんふ》り!!」と判断すれば、大規模プロジェクトチームまで編制して、公園・コンビニ・チェーンカフェ・金融機関等の警戒活動・職質に総力を挙げることになりますし、また極論、署長が「なんてったってシャブだよ、シャブにオールイン」と判断すれば、地域警察官の狩り場は〈汚染地域〉〈汚染物件〉メインとなりましょう。重ねてこれは極論で、現実には、そこまでステータスを偏向《へんこう》させる署長はいませんが……

はたまた逆に、警察部内《ブナイ》においても、まあ、なんというか……「職質道不覚悟《しょくしつどうふかくご》だな」

「警察官の道義にもとる!!」と否定的な評価をされてしまう狩り場があります。例えば『駐輪場の至近』『庶民的なスーパーの至近』。要はこれは、事実上のチャリパク専従《せんじゅう》、事実上の万引き専従。そのために隠れて張り込みまでして、とにかく数字を稼《かせ》ごうとする行為。

　これは職質道としては下《げ》とされます。時に下《げ》の下《げ》とされます。というのも、

①それは街頭における積極的な職質とはまさか言えない
②制服警察官が敢えて隠れて張り込むなど『警ら』の効果・意義にかかわる（沽券《こけん》にもかかわります）
③やりやすい所でやりやすい事をやりやすい対象に――なる安直な姿勢は警察官たちにとっても軽蔑の対象となる
④職質＝武器なのだから、挑む相手は強者、特に暴力団員であり半グレであり薬物犯罪者であり指名手配犯であり時にテロ・ゲリラ犯だ――というのが職質警察官の矜持《きょうじ》である

からです（無論、若手警察官と中堅以上とでは事情が異なりますが）。

遭遇戦・偶発戦

いくら一般論として、ハンターは〈狩り場〉を見定めて設定しておくものだとしても、また、管轄区域・所管区《しょかんく》ごとに重点課題が設定されるとしても、職務質問は〈狩り場〉においてのみ励行《れいこう》されるものではありません。まさかです。

警ら勤務は地域を巡行する活動ゆえ、巡行ルートにおいて〈不審者〉と遭遇《そうぐう》することは当然にあります――というかそれもハンターの狙い目です。仮に狩り場があるとして、その行き帰りに獲物《えもの》を期待しないはずもありません。そもそも警察官個々の流儀《りゅうぎ》によっては、狩り場を重視するよりも、巡行ルートそのものを重視することが自然にあります。特に機動性を発揮できるPC《パトカー》は、その機動性を縦横無尽《じゅうおうむじん》に駆使して、不審者にとっては神出鬼没《しんしゅつきぼつ》の、極めてアクティブ・融通無碍《ゆうずうむげ》・流動的なハンティングをすることが多いでしょう。一般論として、また統計上、PCの方が犯罪者にとっては手強く恐ろしい所以《ゆえん》です。

とまれ、警ら／機動警らの過程で――巡行ルートの途上で――バッタリ〈不審者〉に出会《でくわ》すことも自然です。この場合は、警察官も会戦を予期していなかった偶発戦《ぐうはっせん》になり、よって、警察官の咄嗟《とっさ》の判断と臨機《りんき》の技能が問われることとなります（その判断というのは、無論〈異常な挙動〉×〈周囲の事情〉の直感～言語化で、これをいきなりやることになります）。

また、警ら・機動警らの過程では、バッタリ出会《でくわ》すというよりは、警察官の側が先に〈不審者〉の存在をキャッチしてしまうことも自然です。職質警察官の制空圏は広いですし、職質警察官は常に視覚・嗅覚・聴覚のアクティブソナーを打ちながら警らをしていますから。そしてこの場合は、不審者にとっては全くの偶発戦、警察官にとっては——既に会戦を決意・用意できる——遭遇戦《そうぐうせん》になります。このとき職質警察官は、①不審性の判断・言語化にも、②声掛けから任同《ニンドウ》へつなげる『作戦の立案』にも、③所持品検査へのスムーズな移行のための『段取《だんど》りの想定』にも（分単位・秒単位ながら）一定の時間を遣うことができます。よって一般的には、職質を警察官優位に運ぶことができます。言い換えれば、巡行ルートにおいて常に『索敵《さくてき》』を怠《おこた》らず、常に『気付かれずして気付く』、常に『機先《きせん》を制する』——これがハンターの習性です。言葉の遣い方はともかく、『奇襲』『急襲』が攻撃側に有利となることは言うまでもありません。

——さて右では、警ら・機動警らの巡行ルートなる『場所』について述べましたが、職質に関しては、他にも重要な場所があります。

それは〈交番付近〉です。

地域警察官は、『警ら』のみならず『立番《りつばん》』もします。すなわち義務的に、交番の出入口付近で立って警戒をします。これはただ『見てるだけ～』ではありません。立番の本旨《ほんし》は警戒ですから、〈不審者〉が存在するなら当然、積極的に職務質問を掛ける責務があります。それが右にいう『偶発戦』（立番警察官も実戦まで不審者に気付けていなかった）になるときもあれば、右にいう『遭遇戦』（立番警察官は実戦前に気付けたが、不審者はまだ気付いていない）になるときもあるでしょう。

実務的にも、この立番勤務における職質は励行《れいこう》されています。特に『機先を制した』遭遇戦の場合だと、立番警察官はやにわに、一見ブラッとした休めの姿勢から脱兎《だっと》の如《ごと》く駆け出して――市民が唖然《あぜん》とするほどの猛烈《もうれつ》な勢いです――何も気付かずに歩いている〈不審者〉へ一気に肉薄《にくはく》し、直ちに職質に入《はい》ります。既述《きじゅつ》ですが、これを警察部内《ブナイ》で俗に〈立番《りつばん》ダッシュ〉といいます。

なお『偶発戦』『遭遇戦』は、何も交番の外だけで行われる訳ではありません。

職務質問の場所に法律上の制限はありませんし、地域警察官が交番のカウンター内でただ座っているように見える『見張《みはり》』勤務もまた、警戒活動です。よって、『見張』から交番の外にダッシュすることがあるのは当然ですが、『見張』において接遇《せつぐう》した市民、『見張』において交番内で会話するに至った市民とて、〈不審者〉の要件を充たすことはあります。大いにあります。したがって、当初は被害届の受理だの、遺失届・拾得届の受理だのをしていた警察官が、活動内容を職務質問に切り換えて、交番内で職質を開始することも全く自然です。

自動車の場合

自動車を停車させられて、自動車に乗ったまま、あれこれ質問された経験をお持ちの方《かた》もおられるでしょう。このとき、それが職務質問だと言うのなら、職質の場所は『御自分の自動車内』ですね（警察官は外にいますが）。

ここで法律上、職務質問の場所には制限がないのですから、警察官が勝手に自動車に乗り込んで来ないかぎり、この行為にさほど不思議はありません。自動車のすぐ外も街頭ですから、職質場所としてさほど不思議はありません（若干の不思議は、「どうして自動車の外から自動車の中の人を〈不審者〉などと認定できるのか？」ですが、これについてはすぐ後述します）。

ただ実際上、自動車を運転なさる方《かた》なら、いわゆる〈検問〉〈一斉検問《いっせい》〉〈交通検問〉といった無差別停車・無差別質問を、きっと経験しておられるでしょう。そしてそうした無差別停車・無差別質問のときは、要は『誰もが我慢させられる＝不審者であるかどうかは問題とされていない』のですから、この検問なり無差別質問なりはいったい何なのか、職務質問なのか違うのか、違うと言うなら職務質問との関係はどうなのか……という疑問が生じます。

これについては、まずイメージとして、

〈一斉検問〉と〈職務質問〉の違い
〈聞き込み〉と〈職務質問〉の違い

が、ほぼ同様であるととらえてください。

いわゆる一斉検問における質問

ここで、ＴＶ・映画で私服刑事が一斉《いっせい》に行う〈聞き込み〉は、純度１００％の任意活動で、しかも有形力の行使を許さない、一般的な／常識的な言葉でいう質問活動です。何ら不審性のない、極《ご》普通《く》の一般市民に対して、あらゆる担保手段なく、だから『押し引き』も『駆け引き』もあり得ないかたちで行われる、職務としての茶飲み話です（言葉の遣い方に難《なん》がありますが）。茶飲み話において、腕に手を掛けるだの、サンドイッチするだのポケットを触るだの、あり得ないことですよね。

他方で〈職務質問〉は、そもそも不審者を対象とするものです。よって、純度１００％の任意活動でありながら、役札《やくふだ》が揃《そろ》ったときに、有形力の行使を許すものです。だから一定限度の担保措置があり、だから『押し引き』『駆け引き』があり得ます。一時的な実力の行使さえできるのですから、まさか一般的な／常識的な言葉でいう質問活動ではなく、よって茶飲み話でもありません。

——いわゆる〈一斉検問〉と〈職務質問〉の関係も、イメージとしてはこれら同様です。

すなわち、一斉検問は職務質問ではありませんし、一斉検問では有形力の行使ができません。一斉検問は、①交通違反が多発する地域等の適当な場所で行う、②短時間の停止を求める、③短時間の必要な質問・観察をする、④職務質問で許されるような説得・追及はしない、④もちろん強制にわたらない、⑤自由を不当に制約しない、⑥一斉検問のメリットがそれを我慢する側のデメリットを上回る——といったかたちで実施されるのなら、適法であり運転者等も我慢しなければならない、とされています（判例）。要は、そういう役札《やくふだ》が揃《そろ》ったなら無差別質問も許される、というのが裁判所の確定した立場です。言い換えれば、一斉検問に不審性は関係ありません（判例）。

しかしながら……

例えば、当初は単なる〈聞き込み〉をしていた相手方《あいてかた》が、警職法第2条第1項の要件を充たすようになり、〈不審者〉となることは想定できます。このときは、法律の要件を充たしている以上、活動の内容を切り換え、〈職務質問〉に移行することが可能で適法です。

右と同様、当初は単なる〈一斉検問〉で短時間の停車・質問・検査をしていただけの相手方が、警職法第2条第1項の要件を充たせば、やはり〈不審者〉となりますから、活動の内容を切り換えて〈職務質問〉に移行することは、やはり可能で適法です。

したがって、一斉検問だからといって、最終的に、絶対に職務質問をされないとは限りません。ましてそのときは、有形力の行使をも覚悟しなければなりません。

なお余談《よだん》めきますが、一定の『道路交通法違反』を行ってしまっているときは――無免許運転、酒気帯《しゅきお》び運転、過労運転、過積載《かせきさい》、整備不良など――そのときはまた活動の内容が切り換わりますので、一斉検問でも職務質問でもない、『道路交通法に規定する強制活動』や有形力の行使を、覚悟しなければならないこととなります。

自動車（運転者等）に対する職務質問

また自動車については、右のいわゆる〈一斉検問〉でなく、まさに本書で概観した〈職務質問〉を、そのままストレートに実施されることがあります。イメージとしては、最初から聞き込みなどせず、いきなり職質に入《はい》るのと同様のパターンです。

しかし。

その法律上の仕組み・実務上の運用は、これまで述べてきた内容とほとんど変わりません。それはそうです。徒歩であろうが自転車・原付に乗っていようが、そして自動車に乗っていようが、仕組み・運用は変わらないからです。それは警職法の条文からも明確ですし（交通手段の別など規定されていません）、社会常識的にも、自転車に乗っていれば職質ができないとか、自動車に乗っていれば職質ができないとか、そんなバカなことはあり得ません。もしそうなら、犯罪者は誰もが自転車・自動車に乗るでしょう。

よって、職務質問における〈停止〉＋〈任意同行〉＋〈所持品検査〉なる権限・プロセスは、自動車についても全く一緒です。正確に言えば、自動車の運転者・同乗者について全く一緒です（職質の対象は不審者＝人《ヒト》です）。

このとき、自動車は自転車同様、あるいは鞄《かばん》・着衣同様、相手方の『所持品』ととらえることができます。よって、職質に入《はい》ろうとする場合において、

（異常な挙動）×（周囲の事情）＝不審性

を判断しようとするときは、自転車・鞄・着衣等々に着目できるのと同様、所持品たる①『自動車の外観』、②『自動車の走行方法』、③『警察官が事前に得ていた逃走車両・盗難車両に関する情報』等を、〈異常な挙動〉ととらえて判断に入れることができるのは当然です（①所持品たる服の外観を見たら血が付いていた、②自転車が始終《しじゅう》無意味な蛇行《だこう》をしている、③銀行強盗が持っている鞄についての無線手配があった――といった場合と全く一緒です）。

したがって、「自動車に乗っている人の不審性を、どうやって外から判断できるのだ」という批判は、①②③が全く適法な判断根拠である以上、実益がありません。まして、自動車が高速度で疾走《しっそう》しており判断が事実上不可能なときは、一定の要件のもと、〈判断のための停止〉を求めることすらできる――との解釈が出ています（判例）。

　また、御経験のある方《かた》は御存知《ごぞんじ》ですが、自動車に対する（運転者等に対する）職務質問の場合、停車を求められるばかりか、降車を求められることがあります。この降車の求めも、職務質問の〈任意同行〉＝場所の移動としてとらえられます。さらに、そのままPC《パトカー》内への乗車を求められることもありますが、議論は全く同様です。要は適法です。

　加うるに、運転者等の立会《たちあい》のもと、自動車内が検査されることがあり（実務では〈車両見分《けんぶん》〉なる言葉を遣うことがあるようです――私は遣いません）、これは時に『あそこを動かし、ここを開き、これを倒し、それを退《ど》け、あれを引っ繰り返し……』というかたちで、非常に微《び》に入《い》り細《さい》を穿《うが》ったものとなります。

　これについて再論すれば、自動車もまた『所持品』ですので、任意の承諾があるかぎり、そうした行為も職務質問における〈所持品検査〉として全く適法です（所持品検査の〈役札《やくふだ》〉に関する議論も既に述べたものと同じになります）。

　そして自動車は実際上、鞄《かばん》、リュック、バッグ、ポーチといった所持品に比べ、遥《はる》かに物を隠匿《いんとく》する箇所《かしょ》に恵まれていますから、鞄等の所持品検査に比べ、入念かつ長時間にわたるのは（警察官にとっては＝不審性を解明する観点からは）道理です。もちろん市民の側からすれば、「そこまでやるのか!!」「まだ続けるのか!!」と立腹したくなるでしょうが……

同様に、〈有形力の行使〉も、自動車ならではの特性から、歩行者に対するものとはスタイルが変わってきます。というのも自動車は、①そもそも逃走手段としての機動力が大きいですし、②人《ヒト》に対する直接の〈有形力の行使〉と物に対する〈有形力の行使〉とでは相手《あいて》方《かた》の被《こうむ》るデメリットが違いますし（物に対する有形力の行使の方がデメリットが小さいとされます）、さらには、③急発進したなら警察官はもとより一般通行者・一般通行車両にとって大きな危険が生じるからです。したがって、一般的には、例えば歩行者に対するときより〈有形力の行使〉が認められやすい傾向にあり、それは裁判所の判例複数を検討すればよく解ります。

——職務質問においてどのような〈有形力の行使〉が考えられるかは詳論《しょうろん》しましたが（34頁以下参照）、右の理由から、こと自動車（運転者等）に対する職務質問においては、

Ⅰ　運転席ドアを両手でつかむ
Ⅱ　後部荷台《にだい》ドアをつかむ
Ⅲ　ハンドルを握って停止を求める
Ⅳ　ハンドルとドアをつかむ

V　エンジンのスイッチを切る
Ⅵ　エンジンキーを引き抜く
Ⅶ　自動車の前後を警察車両でサンドイッチする（いわゆる〈はさみうち〉）
Ⅷ　数台～数十台の警察車両で取り囲む
Ⅸ　バッテリーの配線を外す
Ⅹ　車止めを一時的に装着する
Ⅺ　免許証を一時的に預かる

といった〈有形力の行使〉が実際に認められており（全て判例。ただし具体的状況に注意）、Ⅰ～Ⅺといった一時的な実力の行使は、本書でいう役札《やくふだ》が揃《そろ》ったなら（31頁・40頁・131頁等参照）、アナログの針がかなり適法に振れるといえます。

ただし、次のような行為は、役札が揃っていないとして、アナログの針が大きく違法に振れます。実際に違法とされた例があります（判例）。

A　腕をつかんで車外に引きずり出す
B　車外に引きずり出し、俯《うつぶ》せ状態のまま押さえ付ける
C　警棒でフロントガラスを殴《おう》打《だ》し破損させる

……ABCは、ほとんどの場合、既に強制にわたっていると考えられますので、当然と言えば当然の判断です。

なお最後に、運転者等が自動車内に『籠城《ろうじょう》』してしまって徹底拒否をつらぬき、事態が『長期戦』となるいわゆる〈亀《かめ》の子《こ》事案〉については、既に詳論《しょうろん》しました（72頁以下参照）。

第3章　ビックリしたろうから、夜道には気を付けてね!!
――職務質問の技能と成果

職務質問技能伝承

第1章では職務質問の法律的な特徴を、第2章では職務質問の実務的な特徴を概観しました。ただこれらは喩《たと》えるなら、泳ぎ方・自転車の乗り方を、口頭で説明したようなものです。頭で理解することは大切ですが、しかし教科書的な知識だけでは、泳ぐことも自転車に乗ることもできません。これらに必要なのはいわゆる手続記憶《てつづききおく》、すなわち、具体的に身体を動かすなどするプロセスについての『技能』だからです。

では読者の方《かた》は、どのように泳げるようになりましたか？　どのように自転車に乗れるようになりましたか？

無論、①実戦の機会を通じ実際の練習を重ねた、②既にその技能を有している誰かに手取り足取り教わった、のだと思います。

――そして『職務質問』もまた、右の泳ぐこと、自転車に乗ることと一緒です。よって警察官も、右の①②を通じ、具体的に身体を動かすなどするプロセスについての『技能』を学ばなければなりませんし、また、既にその技能を有している適切な指導者から学ばなければなりません。要は、①は警察官が具体的にどのような『訓練』をするかの問題、②は具体的にどうやって適切な『指導者』を確保するかの問題です。

したがって。

警察においては、適切な指導者を計画的に育成・運用・拡充し、地域警察官個々に職務質問技能を伝承してゆくことを〈職務質問技能伝承〉と公的・組織的に位置付け、警察庁の局長通達を発出して、全国警察共通の制度としています。この〈職務質問技能伝承〉制度は、少なくとも平成10年（1998年）には体系的に整備され、令和3年現在においてもその維持・強化が図られています。

職務質問技能指導者制度

職務質問の技能の指導者のことを〈職務質問技能指導者〉といいます（アタリマエのようですが、これは『公的にそのように規定されている』という趣旨です）。

これは前節の、全国警察共通の制度である〈職務質問技能伝承〉の中核を担う警察官たちです。

制度上、この職務質問技能指導者は、

Ⅰ　警察署長が指定する〈職務質問準《じゅん》技能指導員〉

Ⅱ　警察本部の職務質問担当役員が指定する〈職務質問技能指導員〉

Ⅲ　警察本部長が指定する〈職務質問技能指導官〉

Ⅳ　国の警察庁長官が指定する〈広域《こういき》職務質問技能指導官〉

に分かれます。要はこれは警察部内《ブナイ》の資格制度であり、また警察部内《ブナイ》の称号です。例えば、『技能指導官』『広域技能指導官』といった官は、参事官、管理官といった具体的な職名ではなく、どこまでも技能の有無に着目した資格名・名誉称号です。

Ⅰ～Ⅳの称号は、①職務質問実績優秀者であって、②指導能力があると認められ、③一定の階級にある警察官に対して与えられます。①②③がいわば称号を得る要件ですが、例えば①については、『過去5年間の検挙実績・表彰歴が優秀』『国の警察庁が主催する特別の教育訓練課程の修了』といった、より詳細な要件が定められています。

この称号を与えることができるのは＝指定権者《していけんじゃ》は、右に記載した上級幹部・最上級幹部です。それぞれの指定権者からも解るとおり、職務質問技能指導者については、

Ⅰの準《じゅん》技能指導員

主として個々の警察署において技能指導に当たる警察官

Ⅱの技能指導員（警部補・巡査部長。極めて優れた巡査も可）

主として警察本部に配置され、都道府県内全域において技能指導に当たる警察官

Ⅲの技能指導官（警視・警部）

警察本部に配置され、都道府県内全域において技能指導に当たるほか、ⅠⅡの技能指導にも当たる警察官

Ⅳの広域技能指導官（警視）

警察本部に配置され、都道府県内全域において技能指導に当たるほか、ⅠⅡⅢの技能指導、果ては他の都道府県警察に一定期間派遣され、他の都道府県警察の警察官の技能指導にも当たる警察官

といった、『ピラミッド型』の資格制度が構築されています。Ⅳであるためには Ⅲを経験していなければならず、Ⅲであるためには Ⅱを、Ⅱであるためには Ⅰを経験していなければなりません。

また警察庁の通達により、Ⅲ／Ⅳをトップとし Ⅰ＋Ⅱで編制された、職務質問技能指導に特化した専従・専門のユニット〈職務質問技能指導班〉を、警察本部に必ず常設しなければならないこととされています。

といって、これは飽くまで実務・実際・実戦を最優先とした資格制度であり名人《マイスター》制度ですので、もし先の①②③の要件を充たす警察官が存在しないときは、称号を与えなくてもよい、むしろ指定するなというスタンスが採られています。

よって、警察署長はⅠを自署に数人、警察本部の職質担当役員はⅡを警察本部に数人、警察本部長はⅢを1名・2名、確保し指定することを求められ、それを目指すこととなりますが……特にⅢにあっては適格者ナシ・自県に存在せず、ということもあり得ます（なおⅣにあっては、技能的にも栄誉的にも『破格』ゆえ、我が国の47都道府県警察について見れば『存在しない県の方が多数派』です）。

〈名人〉〈神〉の実際

実際的な話をしますと、Ⅰの準《じゅん》技能指導員でも、真っ当で平均的な警察官より遥《はる》かに卓越《たくえつ》した技能を有していることが多いですが（ⅡⅢⅣの後継者候補という位置付けでもあります）、Ⅱの技能指導員がいわば〈段位持ち〉、Ⅲの技能指導官がいわば〈A級棋《き》士《し》〉〈名人〉、Ⅳの広域技能指導官ともなれば〈永世《えいせい》名人〉果ては〈神〉です。そもそもⅢですら、自県に1名・2名いれば御《おん》の字《じ》なのですから。

例えばⅢが警察署に出向いて若手・中堅警察官に技能指導をするときは、『見習い』『白帯《しろおび》』をPC《パトカー》の運転席に乗せ、あるいはそれらが多いときは後部座席にも乗せ、一定期間、出向いた警察署の管内を実際に警らすることとなりますが……初日の勤務で職質《ショクシツ》検挙《ケンキョ》が無い、実際の検挙事例を見せられなかった、などということはまずありません。警らエリアが自分の管轄区域でも何でもないのに、だから警らエリアの実態把握の度合いが『見習い』『白帯』より劣るはずなのに、です。Ⅲとはそういう〈A級棋士〉〈名人〉です。

ましてⅣとなれば、自県全域はもとより、他の都道府県警察にも出向いて同様の指導をします。このとき、右の警らエリアの問題もあれば、一般に都道府県警察同士の仲はよくて非好意的中立でしかないという問題もあれば（敵意すらあることも）、自県の誇りに懸けて失敗は許されないという問題もありますが……しかし結果は同様です。ほぼ確実に、敵地における時に意地悪な環境の中、初日の勤務で現実の職質検挙《ショクシツケンキョ》を果たして現実の技能を知らしめ、いきなり教養《キョウヨウ》の実を挙げます。Ⅳとはそういう〈永世名人〉〈神〉です。

ここで、私は警察庁の職務質問担当課と、警察大学校の職務質問担当部門に勤務したことがありますので、幸運にも、諸《しょ》打合せ・諸《しょ》懇親の場において、神域《しんいき》の〈永世名人〉から様々な御薫陶《ごくんとう》を受けることができました。模擬的な実戦の再現も、目《ま》の当《あ》たりにすることができました。

そのとき教えていただいた逸話《いつわ》なのですが——記憶違いがあったら許してください——ちょうど私がお仕えしていた、警察庁の職務質問担当課長（警視長）が、「職質の実際を見て学びたい」「技能伝承制度を構築する上で、技能とその伝承の実際を見たい」といった理由で、ある〈永世名人〉に頼み込み、その実際の職質場面を、遠くから追随《ついずい》して観察するなどし、視察させてもらうこととしたのです。要は『実戦の現場に押し掛ける』こととしたのです（偉い人というのは……）。しかもスケジュールの都合上、ウチの課長が『実際の現場』にいられるのはわずか1時間だけ。ちなみにその〈永世名人〉は遠方の県の方《かた》でしたので、OKをもらったウチの課長は、喜び勇んで新幹線で素《す》っ飛《と》んでゆきました。

そして視察当日。天候は不運にも雨天……いえ話を聞いた私の記憶だと結構な土砂降《どしゃぶ》り（雨は警らと相性が悪いです。警察官の視界が限られますし、職質相手が傘に隠れることになりますし、現場活動も晴天時より不自由ですし、そもそも犯罪者だろうが善良な市民だろうが出足が鈍る＝人手が減るからです）。とまれ土砂降りの中、傘をさし後方からガン見してくるウチの課長のワックワクな視線を感じつつ、いよいよ警らを開始したその〈永世名人は〉は、「ウーン、せめて2時間くれれば絶対に検挙できるのになあ」（!!）などと感じながら、淡々《たんたん》と普段どおりの職質を実施し続けた結果――なんとリミットの1時間以内に（!!）シャブの職質検挙《ショクシツケンキョ》を果たしました。ここで、「ウチの課長」「ウチの課長」と気軽に言っていますが、しかし警視長なる階級は社長＝警察本部長が務まる階級です。すなわちこの〈永世名人〉は、足枷《あしかせ》の掛かった土砂降りの悪条件の中、また、後方から社長クラスが結果を期待してガン見してくる悪条件の中、わずか1時間以内で、しかもチャリパクでも万引きでもなく、覚醒剤を狩り出したのです。

——重ねて、Ⅳの広域技能指導官とはそういう〈永世名人〉〈神〉です。

やってみせ、言って聞かせてさせてみて……

……誉《ほ》めてやらねば人は動かじ。連合艦隊司令長官を務めた海軍軍人・山本五十六《やまもといそろく》元帥《げんすい》の言葉だそうです。

ここで先のとおり、泳ぐ、自転車に乗るといった手続記憶《てつづききおく》は、最終的には実戦の機会を通じ、実際の練習を重ねて修得するしかありません。その際の指導者については右で触れましたので、ならその指導者がどのように実際の練習をさせているか／警察官がどのように実際の練習をしているかを、ザッと見ましょう。

無論、こと職務質問技能については座学《ざがく》も大切です。それは第1章で警職法の概要を、第2章で職質実務の概要をお読みくださった読者の方《かた》なら、お解りになると思います。警職法の条文・判例の解釈の意味や、例えば〈不審性〉〈有形力の行使〉についての実務上の論点を知識として知っていなければ、適法・適正な職務質問はできません。

よって警察学校においては、18歳あるいは22歳くらいの新卒・拝命《ハイメイ》したての巡査生徒に対しても、『行政法』『警察行政法』なる座学の授業を、しかも徹底して行います。というのも、その子たちが警察学校を卒業して実際に実員として配置されるのは、まず交番だからです。いきなり私服刑事ということはあり得ません。したがって、実員配置されてから直ちに『警ら』勤務を実施する必要がありますし、それはつまり、直ちに『職務質問』を実施する必要があるということです。だから座学の内でも『警察行政法』、その内でも『警職法』は極めて重要視されます。試験に出ないことなどあり得ないでしょう。

しかしながら。

いくら自転車の乗り方を座学で説明したところで、まさか実際に自転車に乗れるようにはなりません。そこで必要なのは『指導者』と『実戦の機会』と『実際の訓練』です。「やってみせ、言って聞かせてさせてみて」が、必要不可欠になります。

しかしながら、例えば警察学校の巡査生徒は――実戦プログラムとして警察署に送り出される期間以外――街頭における職務執行などできません。その権限がありません。また、実戦プログラムとして警察署に送り出されるそのときは、もう既に職務質問が実際にできる状態になければ意味がありません。するとどのみち、実戦・本番で訓練することがほとんどできない以上、模擬《もぎ》的《てき》な訓練の場と機会を、執拗《しつよう》に設定する必要があります。

ロールプレイング

よって職務質問技能伝承においては、〈シミュレーション〉〈ロールプレイング〉が重要視されます。言葉の遣い方に難《なん》がありますが、イメージとしてはVR、サバイバルゲームを想定してください。

ここで、まずは「言って聞かせて」が必要ですから、座学が必要。また座学は座学でも、教場《きょうじょう》におけるいわゆる授業のみならず、講堂・道場・体育館といった広い空間において、教官同士が警察官・不審者を演じるなどにより、現実の動きを見せながらの「言って聞かせて」も重要です。座学でも、椅子等を用いれば容易に『自動車場面』が設定できますし。

そのように教官が「やってみて」も、それはまだ座学で、実戦再現の度合いが小さい。そこで今度は校舎外において、教官同士が警察官・不審者として実戦場面を再現する。様々なパターンを再現する。本書でいう第1章・第2章の論点が『可視化《かしか》』できるよう再現する。この場合は実際の自動車も使えます。「やってみせ」が、いよいよリアルになる。

　するといよいよ「させてみて」の段階になり、教官が不審者役、生徒が警察官役となって、徒歩の場合・自転車の場合・自動車の場合等々に応じ、また、〈職務質問〉～〈任意同行〉～〈所持品検査〉～〈職質検挙《ショクシツケンキョ》〉～〈初動《ショドウ》活動〉等々といった段階に応じ、実戦と変わらない状況を作った訓練を実施します。生徒の習熟度によっては、生徒同士が警察官・不審者を演じるなどにより、『職務質問を受ける立場に立った』訓練も可能となります。無論、実戦と変わらない状況ですから、〈警察官〉〈不審者〉それぞれの選択により、シナリオは様々に分岐《ぶんき》します（といって訓練ですから、やはり『徹底拒否』への対処がキモとなりますが。またこうした訓練の『様々に分岐するシナリオ』を作成するのは、教官としては結構大変ですが）。

　加えて「させてみて」には、今時の警察学校であればどこでも常備されている、いわゆるシミュレーターを用いることも可能です。これも、実際の職務執行の段階に応じて様々に分岐するシナリオと動画を用意でき、大スクリーンの〈不審者〉に対して生徒が様々な言動を選択します。よって無論、職務執行が成功することも失敗することもあります。プログラムやスタイルによっては、生徒による独習も可能です。

同行指導・同乗指導

最終的には、模擬的実戦の場ではなく、実際の実戦の場で「させてみて」を断行することが必要です。先のとおり、警察学校の巡査生徒でも、実戦プログラムとして警察署に送り出されることがありますし、先のとおり、警察学校の巡査生徒が実員配置されるその先は、まず交番ですから。

よって最終的には、『自分でできるようにする』『自分独りでもできるようにする』必要があります。ここで、警職法第2条第1項の権限行使の『主体』『主語』が、警察官であったことを思い出してください。すなわち、巡査であろうが署長であろうが（署長はまず職質しませんが……）、警察官として＝個々の警察官個人として、必要な判断と必要な行為を決断・断行する必要があるのです。

しかしながら、実際に公道を自転車で走るとき、あるいは実際にプールで水に入るとき、「さあ実戦だ、独りで泳げ」というのは無理でしょう。支え・補助輪を使ったり、ヘルパー・ビート板を使ったりするでしょう。時に教える側も一緒に走り／泳ぎ、実演・補助をするでしょう。

そうした意味で、警察が重視しているのは〈同行指導〉〈同乗指導〉です。

巡査生徒の場合だと、交番に送り出され／交番に配置されたとき、大抵は上官の巡査部長が『指導部長《シドウブチョウ》』に任ぜられて諸々《もろもろ》の面倒を見ることになりますので（体制によっては、先輩巡査が指導担当に任ぜられることもあります）、この指導部長が、補助輪なりビート板なりの役割を担うこととなります。なおこれは、通達等で規定されている義務的な役割・制度です。

具体的には――

巡査生徒（実員配置されれば巡査）には原則として、単独の職務執行はさせません。それが許されるのは、訓練の最終段階だけです。よって、例えば指導部長と巡査生徒は、必ずペアで警らをすることとなります。そしてここでも「やってみせ」が重要ですので、指導部長はいよいよホンモノの、実際の、真実不審者である相手方《あいてかた》に対する職務質問を「やってみせる」ことになります。巡査生徒は、その『職務質問』『任意同行』『所持品検査』をいわゆる見取《みと》り稽古《げいこ》することになります。これはやはり、VRやサバイバルゲームより衝撃的で緊張するでしょう。いわば本当に死にますから。

やがて指導部長は「言って聞かせて」として、例えば『今の職務質問で、自分が〈不

〈今の説得で、マズかったと思える所はどこか〉『今の所持品検査で、自分の視線・視点がどこにあったか』『今の同行要求で、結局は任意同行を諦《あきら》めたのは何故だと思うか』……といったことを、見取り稽古していた巡査生徒に質問し考えさせるなどにより、実地で教養《キョウヨウ》します。

そして機が熟すれば、今度は巡査生徒を職質警察官とし、自分は各種照会《ショウカイ》役や受傷事故《ジコ》防止役に回るなどして、「させてみて」を実行します。無論、例えば強要にわたる説得になりそうになったり、捜索にわたる所持品検査になりそうになったら――人間誰でも最初から上手く泳げやしません――現実の市民の権利が脅《おびや》かされますから、直ちに『補助輪』『ビート板』として介入し、必要な範囲で職務質問を引き取ります。最小限の軌道修正でよければ、それが終わったとき自分はまた一歩退《ひ》いて、巡査生徒にバトンを返すでしょう。

巡査生徒には原則として単独の職務執行をさせませんので、こうした『師匠と弟子のペア』による〈同行指導〉が、勤務日ごとずっと続きます。実際上、指導部長が24時間勤務で2、3度しか職質を掛けない……などということはありませんので（ハンターです）、巡査生徒としては、見取り稽古の機会にも実戦の機会にも事欠きません。

なお、PC《パトカー》による機動警らの見取り稽古の必要があるときは――それは巡査生徒というより先輩警察官にとってより重要でしょうが――PCを用いた〈同乗指導〉が行われます。

警察人生の最初の段階においては、このような〈同行指導〉〈同乗指導〉、そして先の〈ロールプレイング〉〈シミュレーション〉により、職務質問技能を修得してゆきます。

警察官のお悩み解決・『実戦塾』

広域技能指導官といった〈永世名人〉〈神〉、技能指導官といった〈A級棋士《きし》〉〈名人〉がいるように、職務質問技能の修得／伝承には果てがありません。ある警察官が職質で生きてゆこうとするのなら、技能の稽古《けいこ》は退官まで続きます。

ここで、実際に警ら＝職質をする地域警察官がいくら犯罪者の『ハンター』といっても、その実際のハンティングの技能は、もちろん個々の地域警察官それぞれによって異なります。まして、交番等の地域警察官は全警察官の約34％を占めますので（平成30年）、地域警察官の年齢・経験・特性は実に様々になります。例えば年齢だと、19歳～60歳のいずれでもおかしくありません。正直、警察俗語でいう不良《ゴンゾウ》／無気力《ゴンゾウ》とていいます

〈警察のどの部門にもいますが……〉。

　不良《ゴンゾウ》警察官については時に、交番のハコ長《ちょう》警部補が先の〈同行指導〉を、それも執拗《しつよう》に組むなどして、スパルタにより「やってみせ」つつ技能を指導し、またその翻意《ほんい》と改心を促《うなが》します。

　他方、学問でもスポーツでもそうですが、まさか不良《ゴンゾウ》でなくとも、「やる気はあるんだけど、イザとなると上手くできない……」「一定の自信はあるんだけど、どうも伸び悩んでいる……」と言いたくなる時期・状況はあります。前者は20歳代の警察官なら誰もが感じる恐怖でしょうし、後者は中堅・ベテランの感じる壁です。

　このとき警察組織としては、そうした苦悩に真摯《しんし》に対応する義務があります。いえ道徳的な話でなく、真摯な対応をすることが、警察組織全体の職質技能の向上・底上げに直結するからです。要は職質検挙《ショクシツケンキョ》に直結するからです。更に要は、地域住民の保護と地域社会の安全・秩序に直結するからです（全警察官の約34％に係る課題ですから、経営上無視できない課題です）。

　先の〈職務質問技能伝承〉制度が、『全国警察共通の公的な制度』として構築されたのは（２１６頁参照）、まさにこの経営課題に対応するためです。日本全国の地域警察官が苦悩する問題だからこそ、国が音頭《おんど》を取って、少なくとも平成10年から本腰を入れ、『お悩み解決』に乗り出したのです。

具体的には――①警察署レベルでは〈準《じゅん》技能指導員〉が身近な悩み相談に乗り、職質技能に関する相談にも応じれば、実際に同行指導・同乗指導を買って出ます。②警察本部レベルでは、先に触れた常設の〈職務質問技能指導班〉が、

A 〈技能指導員〉〈技能指導官〉を実際に各警察署に赴《おもむ》かせ、同行指導・同乗指導を実施させる

B 警察学校の生徒・階級昇任者・地域警察のプロ等に対し、座学・実演の特別講義を実施する

C 実戦的ノウハウを収集・整理・言語化《げんごか》し、各警察官にフィードバックする

D 〈実戦塾《じっせんじゅく》〉を主催し、時に面談・ゼミ形式で各警察官の疑問・悩みに対応するほか、必要なら実演もする（面談の電話予約が数箇月《すうかげつ》も一杯、なる例も）

E 〈広域技能指導官〉にあっては、都道府県の壁を超えて全国警察に赴き、講義・実演・同行指導・同乗指導を実施する

といったかたちで、職質警察官の『お悩み解決』を担当します。

実際、昭和の「見て盗め」「背中から学べ」方式からは信じられないほどの、「やってみせ、言って聞かせてさせてみて……」方式が採用・整備され、既に定着しています。

職質道に終わりなし

職質技能は成程《なるほど》、不審性を解明して犯罪を検挙するためのスキルです、が……

しかし職質は、『人と人との物語』『人と人との真剣勝負』『人と人との一期《いちご》一会《いちえ》』です。職質の物語は、1件1件全てが個別具体的に異なり、1つとして『同じ職質』はありません（たとえ相手《あいて》方《かた》が『常連《じょうれん》さん』であっても、1つとして『同じ状況』はありません）。よって職質では、テクニック・ノウハウのみならず、職質警察官の人間性が必ず問われます。すなわちこのスキルは、一定の精神性を前提とします。

また、そうした職質の個別性から、各都道府県警察における『職質の流儀《りゅうぎ》』『職質のとらえかた』『職質の段取《だんど》り』も様々に異なりまして、ちょっと正確な呼称は忘れましたが、例えば〈静岡方式〉〈大阪方式〉〈愛知方式〉等々と、茶《さ》道《どう》のように流派《りゅうは》が分かれています。まして〈神〉のいる県だと、流派が〈後藤方式〉〈新井方式〉等々と呼称されることもあります。

なお警視庁＝東京都警察は我が国警察の長兄《ちょうけい》であり、都道府県警察筆頭《ひっとう》たるの強烈なプライドを持っているため（悪いことではありません）、自分の流派のことをわざわざ警視庁方式とは呼びませんし、一般論としては他の道府県警察の方式を採り入れることもありません。「警視庁は警視庁」「警視庁が警察」「警視庁の方式は警察の方式」、といった感じでしょうか。

とまれ。

そうした『流派の違い』を具体的に述べれば、私が親しく接する機会を頂戴《ちょうだい》した先述の〈神〉によれば、例えば

最初からマル暴狙いか、最初は自転車からか
任意同行を掛けるのはどのタイミングか
任意同行先はどこか
立ち去ろうとする者の追随《ついずい》に意味はあるか
所持品検査は必須か
ＰＣ《パトカー》の停車位置はどこか

等々が挙げられますし、実はもっともっと多岐《たき》にわたります。すなわち〈職務質問〉〈任意同行〉〈所持品検査〉〈有形力の行使〉の至る所で、具体的流儀《りゅうぎ》の違いがあります。無論、全てが適法であることは大前提でして（法令・判例は『全国共通規格』です）、だからここで言いたいのは、「適法な中でどのように段取りを組んでゆくか？」「適法な中でどのように武器を用いてゆくか？」といった、戦術の違いです。

ところが……

先のとおり、職質技能は人間性・精神性をも前提とします。単純な戦術論だけでは終わりません。というかこの場合、戦術論はそもそも「職質をどうとらえるか？」という職務倫理・実践《じっせん》哲学から生まれるものです（例えば、悪質な犯罪を検挙するためのものなのか、地域社会の体感治安を向上させるものなのか……等々）。

よって、①職質技能のうちスキル・テクニック・ノウハウにわたるものを指すときは、〈職質術〉なる用語が用いられる傾向にあり、②職質技能のうち人間性・精神性にわたるものを指すときは、〈職質道〉なる用語が用いられる傾向にあります。時にこれが流派の違い・派閥の違いとなることもあります。

しかし一般論としては、こと職質に関しては、②が①を包含《ほうがん》すると考えられることから（①∩②。①が概《おおむ》ね戦術論、②が概ね実践哲学）、私の感じるところ、警察部内《ブナイ》では職質技能のことを〈職質道〉ととらえ、そう呼称することが多いです。そもそも警察官は必ず柔剣道のいずれかをやっていますし（ちなみに私は文弱《ぶんじゃく》ゆえ、同期一致で茶道委員に任ぜられました。全くの余談です）。

――したがって、職質技能の向上とは、〈職質道〉を極めること、と言い換えられます。

ただ、柔剣道にも弓道にも華道にも茶道にも書道にも、終わりは無いでしょう。

職質道にもやはり、終わりはありません。

私が様々な実務・実情を教わった先の〈神〉も、実は初めてお会いしたとき既に御退《ごたい》官《かん》も視野に入っていたお歳でしたが、それでも酒席等を御一緒《ごいっしょ》するたび必ず、絶対に「まだ磨けます」「まだ修行の身です」「まだ解りません」「まだ悩みます」「一生悩みます」「検挙したときほど悩みます」「寝られません」「何を見ても、何を読んでも職質の話に思えます」と繰り返し繰り返しおっしゃっていました。無茶《むちゃ》振り警視長の御前《ごぜん》で土《ど》砂《しゃぶ》降りの中、わずか1時間以内で覚醒剤取締法違反を職質検挙《ショクシツケンキョ》してみせた、そんなバケモノ永世名人ですらそうなのです。

警職法第2条なるシンプルな6文字は、職質警察官にとって、また警察組織にとって、終わりのない修行・修練を求める、時に残酷な6文字です。警察庁が既に20年以上も躍《やっ》起《き》になって、教育訓練の詳細なシステムを整備・拡充してきた所以《ゆえん》です。

職質技能の初段（基本の心得）

どのような流派のものであれ、〈職質道〉の具体的内容のほとんどは、警察活動に係る具体的手法として不開示情報となります。また職務上の秘密として、守秘義務の対象になります。退官しても守秘義務が免除されることはありませんので、私も死ぬまで不開示情報・秘密にわたるものを著す訳にはゆきません（古巣とは円満離婚しておりまし……）。

そこで以下では、〈職質道〉の具体的内容のうち、不開示情報にも秘密にもわたらないものを概観します。技能の水準という観点から言えば、『初段の心得《こころえ》』『基本のキの字』にわたるものが多いでしょう。具体的には、私が右の〈バケモノ永世名人〉等から直接御薫陶《ごくんとう》を受けた内容を、記憶を頼りに、私の言葉で言い換えつつ——守秘義務の問題等による調整——思い出した順番で記載してゆきます。

なおそれを〈職質道の初段〉〈職質道の基本の心得〉と言い切りたいところですが、今や白帯ですらない私が〈職質道〉なる言葉を遣うことすら僭越《せんえつ》で傲慢《ごうまん》ですので、節タイトルのごとく〈職質技能の初段〉とさせていただきました。

いささか特殊な稽古事に関する技能であり、またその初段の心得の一部に過ぎませんが――〈職質道〉の実用性と精神性が、読者の方《かた》の仕事・学業・恋愛・諸《しょ》契約等といった具体的な『対話場面』において、役に立つこともあろうかと思います。人間関係・社会生活におけるほとんどのシーンは『対話場面』ゆえ（無論、言語によらない対話もあります）、以下は警察官以外にとっても、適用・応用の余地があるのではないかと考えます。

カームダウン・クールダウン

職質警察官の目的は不審性の解明・職質検挙《ショクシツケンキョ》ですが（読者の方《かた》にとっては一般に早期解放・現場離脱でしょう）、対話において確たる目的があり、それを達成しようとするとき、興奮することには何の意味もありません。

具体的には、相手《あいて》方《かた》と議論をしたり――特に職質では実際上『出口のない議論』が多いのでしたね――相手方の挑発に乗ったり、相手方に釣られて感情を乱したりすることは有害です。

武道でも『自然体』『平常心』が求められますが、それは確たる目的があるあらゆる対話において一緒でしょう。卑近《ひきん》な喩《たと》えで恐縮ですが、どうしてもいわゆる告白をして相手方に恋人になってもらおうとするとき（対話）、まさか相手方を怒らせる人はいません。興奮して、相手方を威圧する人もいません。相手方の感情を不快にする議論や押し問答、水掛け論をする人もいません。

――絶対に『任意の完全協力』をしてもらおうとするときも、これと全く変わらないのではないでしょうか。

先の告白の例で言えば、自分の荒れる感情をどうにか落ち着かせ、気を静め、絶対に実現したいその目的を達成するため、頭の中でできるだけ客観的なシミュレーションを（事前にも現場でも）繰り返すでしょう。そのとき相手方の出方《でかた》・反応・感情をどうにか想定して、『任意の完全協力』いえ少なくとも『徹底拒否の回避』を最優先に、対話の段取りを組むでしょう。

実戦の最中に段取りを組むには――実戦で一手一手棋譜《きふ》を進めるには、懸命に説得をしつつも、やはりどこか頭の中で『自分で自分を客観視する』『客観的に盤面《ばんめん》と勝負の流れを読む』ことが必要になります。懸命に説得をしている自分を、別の自分が観察者として冷静に眺《なが》めることが必要になります。難しいことではありません。恋愛においては「あっ今《いま》押しすぎた、彼女引いてる」「このままゆくと泣き出してしまいそう……」「こんな高額なプレゼントを今、出すべきだろうか？」「この表情からすると次の言葉は『ごめんなさい』だ、それだけは回避しないと!!」等々と、誰もが『説得している自分』とは別に、『盤面と勝負の流れを読んでいる自分』を持ち得るはずです。重ねて、全く自然に。

恋愛において何故それが自然にできるのかと言えば、本能的に実現したい目的・欲求があるからです。そのためなら何でもするという決意もあれば、そのためならあらゆる手段を尽くすという作戦・武器も用意しているからです。そしてこれは職質、いえおよそ対話一般について言えることでしょう。ただ職質等の目的は本能的なものではありませんから、時に目的意識が腰砕《こしくだ》けになり、恋愛におけるような懸命さが無くなるだけです。

また同じ恋愛の喩《たと》えにおいて、例えばイザ『説得』のデートの前に家族と喧嘩《けんか》した、職場でパワハラ上司に怒鳴られた、財布を落とした、車に煽《あお》られた、ボーナスが少なかった……そうしたときは無論、イライラしますしムカつきますが、しかし告白の対象にはそんなことと全く関係ありません。よってそのイライラやムカつきを、どうにか自分自身で宥《なだ》め、落ち着かせようとするはずです。『任意の完全協力』という、確たる目的があるのですから。逆に、イライラしてムカついたまま『オイコラ警察』をやってしまえば、いよいよ告白どころか『デートもできない』ことになりますから。

実戦前に何があったとしても、やはり確たる目的があるのなら、自分を客観視して平常心をどうにか維持することが必要です。重ねて、実戦前のハプニングなど、『説得』の相手方にはまるで関係ありませんから。

――以上を要するに、実戦の対話場面においては、気持ちを落ち着かせる〈クールダウン〉、ハプニングや議論や挑発や釣りで興奮した感情を鎮《しず》める〈カームダウン〉が、必要不可欠です。

潮の満ち引き

引き続き恋愛場面における『任意の完全協力』『徹底拒否の回避』を例に用います。

このとき、対話のペースとリズムを作るべきは、目的を達成したい側であって、告白をされる側ではありません。言い換えれば、『どうやって相手《あいて》方《かた》を自分のペースとリズムに同調させるか』、更に言えば『どうやって相手方のペースとリズムを崩すか』が重要です。

　達成すべき確たる目的があるのですから、一手一手棋譜《きふ》を進めなければなりません。最後は相手方を『任意の完全協力』の王手詰めにしなければなりません。そうすると、例えば相手方が興奮・激昂《げっこう》してきたときこちらも釣られてテンションを上げるとか、相手方が対話の速度を上げてきたときこちらも釣られて早口になるとか、相手方が泣き出してしまったときこちらも釣られて心を乱すとか、そうした『相手方に感情・速度を合わせてしまう』『相手の感情・速度に比例させてしまう』ことは無意味で有害です。それは既に相手方の土俵《どひょう》であり、ペースであり、要は、相手方に主導権を奪われているからです。そのとき告白もヘチマもありません。

　波は満ち引きし、潮目《しおめ》は変わるものです。対話においては、変えられるものです。

　相手方が興奮してきたら、それをサイン・シグナルとして、自分はいよいよ冷める（ようにする）。相手方が早口になってきたら、それをサイン・シグナルとして、自分はいよいよゆっくり喋るか、沈黙を有効活用する（ようにする）。

すなわち『説得』においては、相手方の感情・速度に『反比例』するよう、意識的に潮の満ち引きを演出する。とりわけ、『上がったら下げる』『加速したら減速する』。それが自分のペースとリズムで、だから相手方を自分の土俵に招き入れることです。

なお、逆は必ずしも真ならずで、『上がったら下げる』『加速したら減速する』とはいえ、逆の『下がったら上げる』『減速したら加速する』が常に有効とは限りません。先の〈カームダウン〉〈クールダウン〉の観点からは、興奮していない状態、早口になっていない状態、議論をしていない状態、怒っていない状態、相互に挑発していない状態が理想だからです。よって、『盛り下がったら盛り上げる』ことにはなりません。宴会じゃありませんから。

しかしながら、感情が盛り下がった上《うえ》冷静な『完全拒否』が予想されるとき、それは告白をする側からすれば絶対に避けたいことですから、『説得』『有形力の行使』で、強い一手を指してゆく必要もあります。また感情が盛り下がった上《うえ》冷静な『任意の完全協力』が期待できるときは、いよいよ王手詰めのため、大いに仕掛けてゆく必要があります。こうしたときは、潮目を見て『下がったら上げる』『減速したら加速する』も必要でしょう。これまた難しいことではありません。「付き合ってください」「結婚してください」を言うタイミングなど、誰もが本能的に潮目を見て仕掛けることだからです。——上がったら下げる。加速したら減速する。反比例させる。潮目を見て、下がったら上げる。こうした潮の満ち引きも、職質を含むあらゆる対話で意識すべきポイントです。

感謝の明示

そもそも職務質問は『迷惑』なものです。論じるまでもない社会的事実ですが、それは判例が前提とする法律的事実ですし、警察行政法の法学書にも明記されています。したがって、職質を受ける市民は少なくとも途惑《とまど》いますし、少なくとも不快に思いますし、時に侮辱されたようにも、犯罪者扱いされたようにも思うでしょう。そうすれば当然、怒りの感情・嫌悪の感情が出てくるでしょう。重ねて、それは裁判所も前提としている法律的事実です。

すると職質なる対話は、そもそもネガティブ感情を前提とするばかりか、最初からネガティブ感情を持った市民に、『受け容れる必要の無い頼み事』をする対話です。不穏当な例を挙げれば、押し売りに類似するでしょう（正義の押し売り、皆の幸せの押し売りのつもりではありますが……そんなこと市民の知ったことではないでしょう）。そうやって、ネガティブ感情、時に怒りの感情を前提として対話しなければならないのですから、実は最も重要な言葉は「ありがとうございます」「感謝します」になります。

協力してくれてありがとう。立ち止まってくれてありがとう。見せてくれてありがとう。そうした気持ちを常に保持していることは大前提ですが、大事なのはそれを『明示』『明言』することです（一般論として、日本人の苦手とする所ですが）。

職質にしろ営業にしろ、日に10件も20件もこなしていれば、いつしかそれがルーティンになり、また自分だけがそれに慣れてしまって、それを『アタリマエのこと』『通常の行為』ととらえがちです。でも職質なり営業なりの相手方《あいてかた》とは、多くの場合一期一会《いちごいちえ》です。まさか百発百中ではありませんから。すなわち職質なり営業なりは、自分にとってはアタリマエで自然なものですが、相手方にとっては異様で重大な事件です。迷惑な事件です。

なら敢えて、逐一《ちくいち》、あらゆる節目で、むしろ執拗《しつよう》に「ありがとうございます!!」「御協力感謝します‼」を意図的に告げる必要があります。無論それが口先だけかどうかは相手方にとっては一聞瞭然《いちぶんりょうぜん》ですから（特に公務員の「ありがとうございました」の一聞《いちぶん》明白《めいはく》な白々しさって、多くの市民が何度も経験することですよね……）、自分の行為がそもそも迷惑であること、そもそもネガティブ感情を前提とすること、だから相手方を気持ちよくする責任があることは、腹の底から解っていなければなりません。

相手方の属性・出方《でかた》によっては、「何で此奴《こいつ》に感謝しなきゃいけないんだ……」という場合も当然ありますが、しかしどのような相手方であろうと、そう仮にマル暴であろうと、腹の据わった感謝をされて気を悪くする人間はいません。まして感謝が幾度も幾度もとなれば尚更《なおさら》です。さかしまに、「ここまで見せてやっているのに礼の一言《ひとこと》も無しか‼」「急いでいる相手に詫《わ》びを入れることさえできんのか‼」といった、実はほぼ全ての市民が感じるネガティブ感情は、感謝の言葉によって対消滅《ついしょうめつ》しないかぎり、自然にボルテージが上がってゆく時限爆弾です。

停止の場面でありがとうございます。任同《ニンドウ》の場面でありがとうございます。所持品検査の場面でありがとうございます。お別れするときにありがとうございます……意図的に、執拗《しつよう》に明言すべきです。要はオイコラ警察の対極を心掛けるべきです（サンキュー警察？・）。

また、右のように『口先だけでない』『腹の底からの』『腹の据わった』ありがとうございますを言う為《ため》には、心得《こころえ》・心構えとして、たとえどんな相手方でも、どんな経過があっても、どんな遣《や》り取《と》りがあっても、検挙できてもできなくても、あるいはたとえ証拠品を捨てられたりまんまと騙《だま》されたりしても、「タダで、いや持ち出しで自分を育ててくれてありがとう」「勉強させてくれてありがとう」「訓練させてくれてありがとう」「次に活かさせてくれてありがとう」という気持ちを持てるよう、自分自身を変えてゆく必要もあります。しかしこれは難しくありません。何と言っても、相手方は自分の時間的コスト・物理的コスト・心理的コストを投じ、おまけに警察官の給料を一部負担してまで、わざわざ警察官の職務質問技能を向上させてくれているのですから。

まして職質検挙《ショクシツケンキョ》に至ったときは「出してくれてありがとう」「認めてくれてありがとう」「懲役《ちょうえき》にゆくかも知れないのにありがとう」「罪から立ち直ってくれてありがとう」です。

――感謝の明示。当然のようで、慣れてくればくるほどできないことでもあります。

言葉以外で話す

対話は、言語だけで行うものではありません。

対話は、表情、仕草、姿勢、視線、声調《せいちょう》、態度、顔の向き、身振り手振り、ジェスチャー、身体の押し引き、前に出る出ない、身体の醸《かも》し出《だ》す雰囲気《ふんいき》……等々による〈総合コミュニケーション術〉です。

そもそも対話の――少なくとも良質な対話の――大前提は、「私は貴方《あなた》の言うことをちゃんと聴いています」「私は貴方の言うことをちゃんと解っています」という、いわゆる『受容と承認』の態度でしょう。例えば病院に行ったとき「この医者は信用できない……」、市役所に行ったとき「この役人は嘘を吐いている……」等々とお感じになることがあるでしょうが、そのほとんどの場合においては、この『受容と承認』が成立していません。よっていわゆる『傾聴《けいちょう》』が全く為《な》されていません。要は、『①とにかくいったん口を挟《はさ》まずキチンと聴いて、②またキチンと聴いていることを明示的にしめして、③コミュニケーションの質を良くする』努力が全く為されていません。

これは、対話における『態度』の効果という例ですが――しかしもっと一般的には、人間は、コミュニケーションにおいて、むしろ言語以外の情報から、会話の質

と会話の相手を評価する

旨《むね》が、社会心理学によって強く仮説され、その実証実験も多々繰り返されています。

また別の例を挙げれば、『笑顔』なる表情。人間は笑顔を向けられれば、何故か自然と笑顔になるものです。そしていったん笑顔になると、笑顔になったことによってポジティブ感情が生まれます。これも基礎心理学の有名な研究テーマです。すなわち人間は、「楽しいから笑う」「悲しいから泣く」ことが多いでしょうが、実は「笑うから楽しくなる」「泣くから悲しくなる」という、因果関係が全然逆の心の動きもします。私が命名できるとすれば、居酒屋効果、失恋浸《びた》り効果とでも言いましょうか。

よって例えば、具体的な対話場面において不穏な緊張感を解こうというのなら、百万《ひゃくまん》言《げん》を費《つい》やすより『笑顔』1つを見せる方が効果的です。そうした戦術的な『友好アプローチ』は、高確率で相手《あいて》方《かた》の表情を変えることができ、したがって、高確率で相手方の感情を変えることができるからです。

あるいは例えば、視線。また恋愛の例を引けば、どうしても『説得』して『任意の完全協力』をゲットしたいと思うなら、潮目《しおめ》から判断される勝負所において、やはり相手方をいわゆる『ガン見』する必要があるでしょう。自分の本気・真剣さ・性根《しょうね》・覚悟を示すため、いわゆる『目力《めぢから》』を最大限発揮する必要があるでしょう。このとき自分の視線がフラフラ、ゆらゆらしていては話になりません。そしてこのとき、出口のない議論も水掛け論も百万言《ひゃくまんげん》も必要ありません。『説得』とは、まさか言語によるお願いだけではないのです。

さらに例えば、ジェスチャー。あり得ない例ではありますが、剣道の試合をしているとき、相手方が突然竹刀《しない》を遥《はる》か真横に投げ捨てたなら、「何だ⁉」と思って思わずその真横、竹刀の行方《ゆくえ》を見てしまうでしょう。あるいは、駅のホームを歩いていたとき突然、前から近くに歩いてきた女子高生が「あっ、ちょっと‼」などとこちらの目を見ながら言い、こちらの靴元《くつもと》をずっと指差したり自分のローファーを指差したりしたならば――反射的に、思わず、立ち止まって自分の靴を見てしまうでしょう。この女子高生が、更に接近してきてしゃがみ込んだなら、自分も釣られてしゃがみ込むでしょう――「何事だ?」と思って（そして靴紐《くつひも》が解けていることや靴元にSuicaが落ちていることに気付く、とか）。はたまた、会議卓で仕事の打合せをしているとき、相手方が突然「あれっ?」と言いながら天井を見上げれば、これはまず確実に、自分も釣られて天井を見てしまいます。

これらのときは、「ホラ横を向け!!」「靴を調べてください……」「天井を見てみたら?」という言語なくして、いえそのような言語より確実に、対話によって、相手方に『任意の完全協力』をしてもらうことができます。

このような『ジェスチャーによる説得』いえ『ジェスチャーによる声掛け』は、理屈で考えるより遥《はる》かに巧妙に、相手方の視線・動作・体勢・行為を誘導し、相手方を釣ることができます。そして『横を向かせる』『靴を見させる』『しゃがませる』といった例から解るとおり、これにより釣れる行為には無限のバリエーションがあります。

……詳細にはわたれませんが、職質のプロセスには〈任意同行〉〈所持品検査〉がありますし、職質における停止の求め方には〈追随《ついずい》・並行・立ち塞《ふさ》がり〉があるのでしたね。それら全てにおいては無論、『自分の動き』と『相手方の動き』が必要です。なら相手方をどう動かすか?　それには実にコストの安い方法がある――ということです。

また他方で、警察官が職質を掛けるときは相手方の〈異常な挙動《きょどう》〉×〈周囲の事情〉を判断するのでしたね。相手方からすればこれは、自分の何らかの〈挙動〉×〈事情〉が、すなわち言語情報以外の何かが、警察官を動かしてしまったことになります。なら警察官の側も、今度は警察官自身の〈異常な挙動〉×〈周囲の事情〉の有効活用を考えなければなりません。というのも、右のとおり〈挙動〉×〈事情〉は言語なくして人を動かせるのですから。何が言いたいかというと、例えば『警察官の制服』『PC《パトカー》』そのものが相手方にとっては〈異常な挙動〉×〈周囲の事情〉となり、相手方を動かすということです。すなわち、相手方に警察官にとって好ましい行動をとらせるのも、好ましくない行動をとらせるのも、この場合『制服』『PC』の挙動しだい事情しだい——現れ方《かた》動かし方《かた》用い方《かた》しだいだ、ということです。『制服』『PC』なる情報あるいは説得すら、対話のツールだということです。

——対話は、言語に加え、言語情報以外の全てを駆使すべき〈総合コミュニケーション術〉である。このことは、警察官を含む市民の誰にとっても有意義なことがらです。

言葉以外の声を聴く

対話において、表情・声調《せいちょう》・態度、まして言語が重要なのは言うまでもありません。

しかしながら、対話が言語情報以外の全てを駆使すべき〈総合コミュニケーション術〉である以上、先のような『こちらから話して相手《あいて》方《かた》を動かす』場合のみならず、『相手方に話させて自分を動きやすくする』場合があることに留意する必要があります。

こと職務質問の場合においては、言語情報以外だと、最も有意義・雄弁となる情報の1つは『手』『利き手《き》』『警察官から見えない方の手』です。それはそうです。所持品検査を念頭に置くにしろ、突然攻撃されるといった受傷事故《ジュショウジコ》の防止を念頭に置くにしろ、これらの対話場面において最も雄弁になるものの1つは『手』だからです。

隠そうとする。証拠品を隠匿《いんとく》・投棄《とうき》・移動・受渡《うけわた》ししようとする。自動車を急発進させようとする。果ては職質警察官を襲撃しようとする――これらの場合において、『手』ほど雄弁なものはありません。手は口ほどに物を言い、です。

相手方が真実犯罪者であったときは、例えば「これが見つかればいよいよ懲役《ちょうえき》だ」等となりますから、それはもう死《し》に物狂《ものぐる》いの抵抗を――秘《ひそ》やかなかたちで――試みようとするでしょう。そのとき、やはり性善説は正しいのでしょうか、人間は哀しいかな、何故か「これが見つかれば……」というヤバい物の在処《ありか》を、思わず手で触れてしまいます。まさか統計はありませんが、実際論としてそうです。不思議なことに、警察官を認識した途端《とたん》『もろ大当たりのズボンの右ポケットに手を触れてしまう』『もろ大当たりの自動車のシート側面レバーに手を触れてしまう』という例は多々あります。そこまではゆかずとも、視線をもろ大当たりの箇所《かしょ》に向けてしまったり、身体をもろ大当たりの箇所に被《かぶ》せてしまったり……といった例は枚挙《まいきょ》に暇《いとま》がありません。無論、それらも証拠品をどうこうするためです。証拠品をどうこうするための、言語です。

警察俗諺《ぞくげん》でいう「ブツはチャリされるもの」は、この対話場面においては必然です。

警察俗諺《ぞくげん》には他にも「ブツは1つではない」「凶器は1つではない」等々がありますが、いずれにしろこの場合、対話の内容・対話の展開は解っている訳です。敵の出方が確実に解っている訳です。指《さ》し筋《すじ》が読めている。彼女はゾンビ映画が好き。彼女は砂糖を使わない。彼女は車酔いするからドライブは嫌いだ……等々、恋人の性癖《せいへき》がもう解っている。

そして「ブツはチャリされるもの」なのですから、『手』『利き手』『警察官から見えない方の手』は確実に喋ります。こちらが対話しようとしなくとも、必ず自分から喋ってくれる。時に何度も何度も喋ってくれます。彼女の性癖が分かっているのに、デートにおいてそれを活用しない手はありません。ゾンビ映画の話は是非《ぜひ》とも傾聴《けいちょう》しましょう。彼女から切り出させましょう。必要に応じて此方《こちら》から仕掛けることもあるかも知れませんね。より実際に即した話をすれば、手は握られているか、手は蠢《うごめ》いているか、それともポケットだの尻の下だの下着だの、同乗者の陰だのに差し入れられているか。手元から何かの音がしないか、手が妙な軌道を描いていないか、手が引っ込められたり震えたりしていないか、手の動きが理由なく勢いを増していないか……

ちなみに、『手』『利き手』『警察官から見えない方の手』がどこで喋るのか——すなわち対話の場所は、何も当初の職質現場だけとは限りません。何故と言って、職質には〈任意同行〉がありますから。ならこうした対話の現場は、別の路上なりPC《パトカー》なり交番なりへと移動してゆく。これまた喩《たと》えで言えば、デート現場は映画館だけとは限らない。常識的に言って、駅、カフェ、レストラン、自動車、そして時にある種の密室……刻々と対話の現場は移動してゆく。そのときに気の利いたことをするためにも、あるいは臨機応変に告白の機会を生むためにも、旺盛《おうせい》な警戒心をもって彼女の『言葉』を傾聴《けいちょう》したいものです。これを警察の話に戻せば、「ブツはどこでもチャリされる」となります。

——言語以外による〈総合コミュニケーション術〉は、何も自分だけが試みるものではありません。対話の相手方も、言語以外の情報を、時に幾度も／無数に提供してくれます。

鸚鵡返し・沈黙は金

職質を含む対話の現場において、出口のない議論・水掛け論に陥《おちい》ったり、双方が興奮しあるいは激昂《げっこう》したり、口論になったり紛議《ふんぎ》になったり、果ては〈有形力の行使〉に至ったりするのは、一般論として望ましくありません。〈有形力の行使〉が必要やむを得ない状況は無論ありますが……しかし『任意の完全協力』が双方にとって最も低コストです。ゆえに双方の利益になります。このことは既に縷々《るる》述べました。

すると、先の『受容と承認』『傾聴《けいちょう》』の議論同様、どうやってそれらの事態に至らないようにするか、どうやってコミュニケーションの質を良くしてゆくかが、対話において重要になってきます。

ここで、相手方《あいてかた》が犯罪者なりマル暴なり半グレなりだったとして、オイコラ警察をやって上から被《かぶ》せて喧嘩腰《けんかごし》になる義務はありません。何もこちらからわざわざ喧嘩を売って、紛議と長期戦を招く必要もありません。要は、潮目《しおめ》が明らかに勝負所である場合を除いては、相手方が誰であろうと変わらない、質の良いコミュニケーションを心掛ける必要があります。重ねて、『任意の完全協力』が双方にとって最も低コストなのですから。

このとき、『受容と承認』『傾聴』同様、コミュニケーションの質を良くするツールとして実に効果的なのが、いわゆる鸚鵡《おうむ》返《がえ》し（parroting, parrot fashion）です。私の主治医もこれが実に上手いですし、私がかつて警視庁の広聴《こうちょう》係に苦情を入れたとき、電話越しに対応してくれた女警さんもこれが実に上手でしたが、とまれ『鸚鵡返し』とは、対話の相手方の言葉を鏡のごとく『反射』することです。

具体的場面に即して考えれば――「オイ、俺は昨日も一昨日《おととい》も武蔵野《むさしの》署のおまわりに職質されたんだぞ!!」と抗議されたとき、「えっ成程《なるほど》、昨日も一昨日《おととい》も、当署の警察官に職務質問されてしまったんですね……成程《なるほど》……」等とそのまま反射すること。あるいは、「俺はこれからバイトの採用面接に行くんだぞ、点数稼ぎのモチケンなんて付き合ってられるかよ!!」と抗議されたとき、「あっ面接があるんですか、それで急ぐんですね!!」等と要約すること。はたまた、「それで拒否しておられたんですか!!　成程《なるほど》、大事な採用面接ですもんね。それは誰だって急ぎますよね。当然ですよ!!」等と言い換えをすること。

……御覧《ごらん》のとおりですが、実はこれ、何も言っていないのと一緒です。正確には、新しいことは何も言っていません。まさに鸚鵡返し……鸚鵡《おうむ》のように、対話の相手方の言葉を、そのまま『打ち返している』だけです。

しかしこの鸚鵡返し、コミュニケーションの質を良くする上で、まこと低コストかつ実用的です。何故と言って、たったこれだけのことで、①貴方《あなた》の言うことをちゃんと聴いていますよ＝『傾聴《けいちょう》』を表現でき、②貴方の言うことをちゃんと理解していますよ＝『受容と承認』を表現でき、③ゆっくり行えば先の〈カームダウン〉〈クールダウン〉効果があり、④少し語尾を上げて疑問調にすれば『対話のターンが相手方に移る』＝『相手方から次の言葉を引き出すことができる』効果があり、⑤すなわちこれは自分の『一手パス』『時飛《ときと》ばし』になり、⑥だからこちらが次の一手を考える余裕を作ることができ、⑦まして相手方からの情報を自分の頭に／自分の言葉で『入力・整理』でき、⑧しかも誰であろうとカンタンに修得できる技能だから、です。

『新しいことは何も言わない』のに、対話の相手方の感情を動かせる。対話の主導権をもらえる。対話の段取りを考えることができる。頭の中も整理することができる――特に、潮の満ち引きが『盛り上がっている』『高波が来ている』『いや津波が来そうだ』というとき、これを使わない手はありません。

あと例えば、打合せの終了時や電話の終了時に、「それでは本日フィックスできたことを整理しますと、第1に……第2に……」等と、それまでの話の内容を要約して伝えてくれる人がいます。このとき此方《こちら》としては、「あっ親切だな」「あっ便利だな」「あっマジメだな」「あっキレイにまとまったな」と思いますよね。仕事の場面においては、この鸚鵡返しが自然と用いられている例が多いです。そしてそれを否定的にとらえる人はいません。

またこの鸚鵡返しは『新しいことは何も言わない』のですから、究極の所、「成程《なるほど》……（沈黙）」「……（沈黙）……」というのも、実は鸚鵡返しの一種と言えます。

しかし、沈黙をもって鸚鵡返しとするときは、さすがに情報量が激減します。よって合わせ技で、『頷《うなず》く』『相手方の瞳を見る』『思わず手を叩く』（意図的に、ですが）『腕を組むなどして熟慮している様子を見せる』『讃歎《さんたん》の響きがする溜息《ためいき》を吐く』『同伴者がいれば同伴者に対して「だよなあ」「成程《なるほど》」「そうか……!!」といったポジティブ感情を示す』等々の行為をすることによって、『沈黙に情報を加えてやる』とより効果的です。

――荒れそうなとき、荒れたときほど『鸚鵡返し』『沈黙は金』。私もよく使います。

より戻し

元々、〈よりもどし〉とは釣具《ちょうぐ》の1つで、結束した糸のよじれを戻し、糸が互いに絡《から》まるのを防ぐための金具だそうです。

……ここで無論、人間にも感情のよじれ、感情のもつれはあります。

特に、本質的に迷惑である職務質問は、そもそも感情のもつれを前提とし、感情のもつれを維持したまま終わることが——特段の努力が無いのなら——多いでしょう。職質はまさか百発百中ではありませんから、警察官が職質を掛けた相手方《あいてかた》の大多数は結果として『善良な市民』となります（『善良』もまたアナログな、濃淡のある概念でしょうが）。

そうした『善良な市民』が突然警察官に声を掛けられ、〈停止〉させられ〈所持品検査〉をされ、時にPC《パトカー》等に〈任意同行〉されるとなれば。まして結果は真《ま》っ白白《しろしろ》、不審者の疑いを掛けられた挙《あ》げ句《く》が『大外《おおはず》れ』だったとなれば……職質警察官と警察に好意を抱く方《ほう》が無理です。まさかです。結果として意味も無く払わされた時間的コスト・物理的コスト・心理的コストもバカになりません。私など愛知県三河《みかわ》地方出身なので、要は極めてせっかちで短気なので、もし私が現実に職質を受けたなら、かなりの確率で激《げっ》昂《こう》して絡《から》むと思います（著者ながら、既述《きじゅつ》の『最適解』を絶対に選べるとは思えません。それは無論『敵の出方』によるでしょうが……）。

特段の紛議《ふんぎ》がなくとも、市民にとって職務質問は、多かれ少なかれ不快です。それはそうです。誰が進んで自分のリュックの中身を一品一品《いっぴんいっぴん》差し出して、警察官にあれこれ触られて警察官にあれこれ絡《から》まれたいと思うでしょう。私自身、病院の診察券をたくさん携帯していますし、朝昼夜の薬を携帯していることも、頓服薬《とんぷくやく》を携帯していることもあります。また禁制品《きんせいひん》ではないにしろ、もっと他人に見られたくない物を携帯していることもあります。加えて、作家なる自営業を稼業《かぎょう》とする私は諸々《もろもろ》の通帳を携帯していることもありますから、まさかそれらを警察官に触られたくもなければ開かれたくもありません。しかし本書で既に検討したとおり、警察官は『絶対に諦《あきら》めない』し『抵抗は無意味』です。よって、もし職質警察官がイザ「所持品検査をやる!!」と決意したのなら、絶対に、私の札入《さつい》れ・私の小銭入《こぜにい》れの在中品《ざいちゅうひん》全てに至るまで、徹底的に検査するでしょう。恥ずかしいですし不愉快ですし、侮辱《ぶじょく》に感じます。

まして、職務質問においていよいよ〈追随《ついずい》〉〈並行〉〈立ち塞《ふさ》がり〉が行われたとなれば。いえいよいよ〈有形力の行使〉が行われたとなれば……当然、かなりの確率で紛議《ふんぎ》になります。それが押し問答・水掛け論のレベルで終わればまだしもですが、「これだけ抵抗するならいよいよ不審性が高まった!!」と判断されてしまえば、少なくとも4、5名の警察官が応援要請で駆け付けて来るでしょう（二桁名《ふたけためい》も自然にあり得ます）。PCも参集してくるでしょう（複数台も自然にあり得ます）。そうなればいよいよ〈荒れた職質〉となり、こちらを取り囲んできた警察官にあれこれ触れられるばかりか、警察署に御招待される確率もどんどん上がってゆきます。というかそもそも、〈追随〉〈並行〉〈立ち塞がり〉〈有形力の行使〉そのものが――処方薬だの通帳だの財布だのを触られ見られることなどより遥《はる》かに――著しく恥ずかしいですし不愉快ですし、侮辱そのものです。

警察官は、こうした市民感情に、敏感になり過ぎてなり過ぎることはないと思います。――そもそも警察官が職務質問をするのは、顧客《こきゃく》たる市民・地域住民のためです。そして職務質問を含むあらゆる警察活動にとって、顧客たる市民・地域住民の協力は必要不可欠です。要は警察は『地域社会に味方を作ってナンボ』の商売です。ところが、特に職務質問は本質的に迷惑ですから、本質的に『地域社会に敵をどんどん作る』おそれのあるものです。それで大損をするのは結局、警察自身です。ひどい職質を受けた市民は、今後の生涯において二度と再び警察には協力しないと固く誓《ちか》うでしょうし、家族にも恋人にも友人にも同僚・同級生にも、その逸話《いつわ》と非道《ひどう》を広めるでしょう。ひどい職質をすることは、結局の所、警察が自分で自分の首を絞めることです。市民のための警察活動を頑張ることで、市民の怒りと非協力を増殖させるのは本末転倒です。手段と目的が倒錯《とうさく》しています。

よって。

職務質問のあらゆる過程においてそうですが、とりわけ職務質問の終了時において、〈より戻《もど》し〉を行うことが極めて重要となります。これは既に定着している職質用語ですが、要は『感情のもつれ・感情のよじれを戻し、当事者双方の関係を平穏に戻す』ことです。無論、既に述べたように、職質のあらゆる過程における「ありがとうございます!!」「ありがとうございます!!」の気持ちと繰り返しは重要ですが、特に職務質問の終了時には、

「長い時間引き留めてしまって、本当に申し訳ありませんでした」
「職務を全《まっと》うできたのは、お忙しいのにいろいろ見せていただいたお陰《かげ》です」
「御不快《ごふかい》にわたる言動があれば、全部私の未熟です、本当にすみません」

「次の御予定があるのに、キチンと答えていただいて嬉しかったです」

「至らない点があれば、今後のため御指導ください、勉強になります」

「これだけ協力していただけると、パトロールをしている甲斐《かい》があります」

「お帰りを待っておられる御家族にも、警察官が詫《わ》びていたとお伝えください」

「気が動転されておられるでしょうから、帰り道は車に気を付けてくださいね」

等々と、恥ずかしさ・不愉快さ・侮辱を感じているであろう相手方の心情を思い遣った、一言二言《ひとことふたこと》がとても重要になってきます。

無論、適法に不審者と認め適法な態様で行われた職務質問そのものについて謝罪することは論外ですが（96頁以下参照）、相手方の恥ずかしさ・不愉快さ・侮辱の感情に配意してそれを癒《い》やすための言動を示すことは、適切以上に必要不可欠だと思います。

たとえ適法であろうが、相手方に時間的コスト・物理的コスト・心理的コストを負担してもらった以上、そのことに対しては、感謝以上の『労《いたわ》り』『慰《なぐさ》め』『共感』の気持ちをキチンと言葉で示すことが、警察官であろうが誰であろうが、人間として当然ではないでしょうか。少なくとも、相手方を『警察の敵に回さない』ことは、警察官・警察組織自身にとっても最低限の要請だと思います。ましてデキる警察官なら、これを良い機会として、『むしろ警察の味方になってもらう』ことを考えるでしょう。

なお当然のことですが、職質が荒れれば荒れるほど／相手方の感情のもつれ・よじれが大きければ大きいほど、この〈より戻し〉の必要性は比例して大きくなってゆきますし、だから〈より戻し〉の具体性・真摯《しんし》さ・きめ細かさもまた、比例して大きくなってゆかなければなりません。

――職質を含む『対話』が人と人との相互作用である以上、相手方の気持ちを慮《おもんぱか》るのは当然のことですし、キチンと気を遣ってもらって／素直な心配りの言葉をもらって、不愉快になる人はいません。まして〈より戻し〉の無いまま、だから警察官も市民もイライラしたまま『解散!!』となることは、その後の双方の行動の質も極めて悪くします。事によっては双方とも、諸々《もろもろ》の事故を起こしかねません。『一期《いちご》一会《いちえ》』となれば尚更《なおさら》です。

空振り三振大いに結構

職務質問に自信の無い警察官は、『できない理由』から考えます。

例えば、〈不審性〉＝〈異常な挙動〉×〈周囲の事情〉についても、それを積極的に認定しようとするのではなく、「～だから、異常とは言えないなあ」「～だから、この辺《あた》りではあれくらい自然だよ」「～だから、不審者には当たるとは言えないもんな」という打ち消しから入ります。職務質問にも対話にも自信が無いからです。要はやりたくないからです。仮にやる気満々であったとして、具体的場面で一歩踏み出す勇気が無いからです。

だから結果として、『見逃し三振』を繰り返します。

……ここで、職務質問は確かに恐いものです。右の〈不審性〉にしろ、イザ〈有形力の行使〉をするにしろ、そのほとんどが無数の判例の支配する所なので、具体的場面で適法／違法の判断をすることがとても難しいからです（本書でいう『アナログ性』）。職質には1つとして同じ職質がなく、だから具体的場面における適法／違法の判断が全て異なってくることが、職質警察官を惑《まど》わせ、躊躇《ちゅうちょ》させ、だから恐れさせる強い要因となります。

しかしながら、自分が恐いときは相手も恐いのです。特に職質の相手方《あいてかた》が真実犯罪者であるときは、この相手方の恐怖は、市民・警察官が理屈で考える以上に圧倒的なものです。それはそうです。『今この現場で逮捕されるかどうか』『いよいよ懲役《ちょうえき》を覚悟しなければならないかどうか』等の瀬戸際《せとぎわ》なのですから。たとえマル暴であっても、いえマル暴であるからこそ無茶苦茶《むちゃくちゃ》恐いものだ——というのは、私が諸先達《しょせんだつ》からしばしば聴いた教えです。

「自分が恐いときは、敵ももっと恐い」。

　相手方が真実善良な市民であったとき、それはまさか『敵』ではありませんが、いずれにしろ適法な要件が充たされているとき、警察官の方《ほう》が腰砕《こしくだ》けになって自主規制し続けることは、真実の犯罪者を野放しにすることとなりますし、時に大魚《たいぎょ》を逸《いっ》することとなります。それは結局の所、市民・地域住民の利益を大いに損なうこととなります。

　したがって、「できない１００よりできる3を考える」ことが必要になってきます。

　人間は、やりたくないこと・躊躇していることについて、「何故それができないか？」「何故それをすべきでないか？」といった『できない理由』なら、幾らでも容易《たやす》く考えることができます。しかし逆に、「どうやったらそれができるか？」「何故それを今すべきなのか？」といった『できる理由』については、自然と思考停止してしまうものです。

　しかしながら、惑い、躊躇し、恐れているときこそ意識して『できる理由』を考えるべきです。私が現役の頃、上司上官から散々《さんざん》指導されたのは、「できない理由を１００

説明するより、できる理由を3持ってこい」ということでした。それができる警察官が、よい警察官だと（なお警察官に限られないと思います）。

またそこでは、気持ちを強く持つことが大事になってきます。警察組織のスローガンや警察官個々のモットーとしてまこと多々実例がありますが、いわゆる「一歩前へ!!」の心得《こころえ》を持つ——苦しいとき、辛いとき、嫌なとき、困難なときこそ「一歩前へ!!」を心掛ける。気持ちで負けない、攻める。痩《や》せ我慢《がまん》でも空元気《からげんき》でもよいから姿勢として「一歩前へ!!」。実際、身体の動きに心が付いてゆくということは、何も警察官でなくとも多々あるでしょう（卑近《ひきん》な例だと、やる気が出ないから起き上がれないのではなく、起き上がったらやる気が出るとか……）。これを職質場面について言えば、〈不審性〉に対して身体が自然に前へ出たとき、必要な『対話』の言葉は後から付いてくる、という話はよく聴きます。話し上手であるとか話術とかは、本質的な問題じゃないと。本当に確たる目的があり、そのために身体が自然に一歩前へ出たとき、必要な言葉なんて後から自然に付いてくると。「どうしても見る」「どうしても出してもらう」という気持ちと勇気が重要だと。

……無論、職質はまさか百発百中ではありませんから、結果が『空振り』となることは時に当然というか必然です（善良な市民からすれば文句を言いたくなりますが、ともかくも警職法の求める〈不審性〉の要件が充たされているとき、その職質はまさか違法ではありませんし、その〈不審性〉を解明することは、警察官の責務にして我が国において圧倒的多数を占める善良な市民の求める所です）。

まして職質における具体的な遣《や》り取《と》りによっては、警察官がいわば『へこまされ』『しどろもどろになり』『お説教《せっきょう》される』事態も生じるでしょう。要は職質において警察官が『恥を掻く』事態も稀《まれ》ではない。いえ警察官自身が、『空振り』あるいは『空振りの連続』『空振り三振』を恥と認識することもあるでしょう。

しかしやはり「一歩前へ!!」です。市民に対して違法にわたる行為、卑怯《ひきょう》にわたる行為を行っていないとき、『空振り』は残念なことですし市民に対する〈感謝〉〈より戻し〉が重要となってきますがしかし、まさか無駄ではありません。それもまた「教えてくださってありがとうございます」「訓練してくださってありがとうございます」「不審者を見極める目を鍛《きた》えてくださってありがとうございます」です。市民は税金と時間的コスト・物理的コスト・心理的コストの持ち出しで、職質警察官の経験値を上げてくれたのです。それを踏まえれば、警察官は常に「一歩前へ!!」出て、進んで「恐れにゆく」「恥を掻きにゆく」心得《こころえ》を持たなければなりません。

くだんのバケモノ永世名人も繰り返しておられました。要旨《ようし》、「空振り三振大いに結構。一歩前に出たこと、恥を掻きに行ったことを、幹部はもっと褒《ほ》めなければいけない。他方で、見逃し三振を許してはいけない。できない理由ばかり考えて、結局何もしないことは給料泥棒で、まして市民のためにもならない。ところが揉《も》め事《ごと》も紛議《ふんぎ》も起きない見逃し三振を許しておいて、揉め事や紛議を恐れず空振り三振をした警察官を叱《しか》る幹部の何と多いことか。本末転倒だ」等と（なお、言葉遣いはもっと適正で丁寧なものでしたが……）。

――見逃し三振より空振り三振。一歩前へ出て、恥を掻きにゆく。

職質場面のみならず、人と人とのあらゆる相互作用において――実現したい確たる目的があるのならば――大切な心得だと私は思います。

不思議の勝ちは負け

例えば、まんまと証拠品を捨てられてしまったとき。例えば、現実に証拠品はあったのにそれを見逃してしまったとき（事後的に判明することがあります）。例えば、相手《あいて》方《かた》の挑発に乗ってしまって〈荒れる職質〉にしてしまったとき。例えば、自動車から降車してもらう方法・機会は幾らでもあったのに、結果として〈亀《かめ》の子《こ》事案〉にしてしまったとき。

――こうした失敗については、職質警察官自身も原因を考えることが比較的容易ですし、一般に職質が荒れれば荒れるほど応援警察官が多くなりますから、失敗の原因を見極める目の数、失敗の原因を考察する頭の数も、人数に比例して多くなります。すなわち失敗については、一般論として反省検討がしやすく、「何が悪手《あくしゅ》だったのか？」「あのときどうしていればよかったのか？」を解析することが、比較的難しくはありません。

何と言っても『負けに不思議の負け無し』なのですから。

ところが。

イザ勝ち＝職質検挙《ショクシツケンキョ》に至ったときは、それは職質警察官にとって嬉しく誇らしいことですから、こうした反省検討なり解析なりが、必ずしも充分に行われない傾向がありま す。検挙に伴う書類仕事等で極めてバタバタする、ということも一因でしょうが……

しかしながら、『勝ちに不思議の勝ち在り』です。

実際、経験豊かな警察官に話を聴いてみますと――「どうしてあの時、彼奴《アイツ》は停止してくれたんだろう?」「どうしてあの時、彼奴《アイツ》は物《ブツ》を出してくれたんだろう?」「どうしてあの時、彼奴《アイツ》は素直にPC《パトカー》に乗ったんだろう?」等々と、『結果として成功裡《せいこうり》に終わったのに、何故成功したのか、その理由がどうしても分からない』ということが、まこと多々あるそうです。要は『不思議の勝ち』です。

こうしたことについて、くだんのバケモノ永世名人は要旨《ようし》「不思議の勝ちこそ徹底的に分析しなければいけない。そこで何故勝ったのか/勝てたのかを夜も寝ないで考え続ける警察官こそ、伸《の》び代《しろ》のあるよい警察官である。不思議の勝ちは、一歩間違っていたら負けていた事案である。ましてその原因が分析しにくい事案である。そこを『勝ったからいいや~』で終わらせる警察官は、次は違法にわたる行為をして訴えられる警察官である。何の学習もできなかったという意味で、実は『不思議の勝ちは負け』である。不思議なことには全部理由がある。それが対象のエラーだったのか、自分のラッキーだったのか。いずれにしろ、勝ったときこそ不思議を突き詰め、それを言葉に表現してみることが、職質技能の向上に大きく貢献する」等とおっしゃっていました(私の記憶に基づいていますし、語調はもっともっと穏やかで優しいものでしたので、内容のズレがあったら大変申し訳ありませんが)。

そしてこのことは、例えば大学受験に臨む高校生さんにとっては当然で自明でしょう。何故と言って、模試《もし》等で解けなかった問題、ミスをした問題は当然に復習をするでしょうが、解けた問題はそうとは限らないからです。しかし『何故か解けてしまった問題』『何故か正解とされたしまった問題』ほど、今後の実戦において危険なものはありません。自分の足《あし》を掬《すく》うとすれば、どう考えてもそれは、失敗の原因が言語化できていない後者でしょうから。それに自覚的な受験生であればあるほど、『不思議の勝ち』の方《ほう》を徹底的に反省・分析し、次は『勝つべくして勝った』ようにするはずです。

――『勝って兜《かぶと》の緒《お》を締めよ』以上に、『勝ったときこそ不思議を突き詰める』という考え方は、警察のみならず一般社会においても充分有益な考え方だと思います。『負けて悔しい花一匁《はないちもんめ》』であることは当然ながら、時に『勝っても悔しい花一匁』と考えることは、職業的・学業的成功を求める上でも、実益のある姿勢でしょう。

服装の乱れは技能の乱れ

警察官は、警察学校の巡査生徒の段階において、服装・装備品・生活環境の徹底した美化・整理《せいり》整頓《せいとん》・清掃等を叩き込まれます。訓練として叩き込まれます。これは自衛隊さんでも同様ですが、その美化・整理整頓・清掃等のレベルは、靴磨《くつみが》きの方法・水準からベッドメイクの方法・水準に至るまで多岐《たき》にわたります。無論、制帽の傾きとか、制《せい》ワイシャツの皺《しわ》の寄せ方とか、ネクタイの結び目如何《いかん》とか、拳銃吊《つ》り紐《ひも》の固定状況とか、無線機の携帯方法とか、そうした職務執行に直接関係する／市民の視線の対象となる諸点については、何度も何度も厳しく指導され、時に怒鳴られ懲罰《ちょうばつ》を科されます。

——ここで、警察官なり自衛官さんなりが『服装の端正《たんせい》さ』『見た目の端正さ』に執《しつ》拗《よう》にこだわるのには、精神論以上の理由があります。

それは第1に、旺盛《おうせい》な士気を維持しあるいは確認することによって、職務執行／部隊活動の実《じつ》を挙げることです。こと警察官について言えば、例えば読者の方《かた》が交番付近を通り掛かったとき、『だらしない服装をしていて、制帽は傾き、靴もボロボロの警察官』と、『服装に一分《いちぶ》の隙《すき》も無く、制帽はビシリと整っていて、靴は鏡のごとくピカピカな警察官』と、どちらを頼もしく思うでしょうか。はたまた読者の方《かた》が真実犯罪者であったなら、どちらを脅威だと思うでしょうか。答えは言うまでもありません。服装は口ほどに物を言い、です。またそのように服装1つとってもキチンとしている警察官は、かなりの高確率で、職務執行能力も高いでしょう。徹底した自己管理能力と、自己を客観視する能力がある警察官だからです。

しかし第2に、警察官等が『服装の端正さ』『見た目の端正さ』に執拗にこだわるのは……『スタンダードを確定し、維持する』『常態《じょうたい》を確定し、維持する』ためです。要は、警察官等としての〈通常の状態〉〈異常の無い状態〉を確定し維持するためです。あるいは、それを警察官等が相互で始終《しじゅう》、確認できるようにする為《ため》です。

ここで、〈通常の状態〉という言葉にピン、と来られた読者の方《かた》はおられますか？

職質においては、〈異常な挙動《きょどう》〉という大事な要素がありましたね。

警察官等が自分の〈通常の状態〉〈異常の無い状態〉を確定し維持し確認するのは――各々《おのおの》のスタンダードを頭に叩き込んでチェックするのは――無論、各々《おのおの》に『異常』があったとき、それを直ちに発見して即座に対処するためです。警察官について言えば、「あれ、制ワイシャツに血が付いているよ」「あれ、拳銃吊《つ》り紐《ひも》が外れているよ」「あれ、無線機はどこに置いたの？」等々といった『異常』を直ちに発見し、「受傷事故《ジュショウジコ》があったり、関係者が怪我をしていたりするのでは？」「拳銃を奪取しようとした試みがあったのでは？」「まさか無線機を亡失《ぼうしつ》したのでは？」といった、非常事態に即座に対処するためです。

〈通常の状態〉を端正にして斉一化《せいいつか》しているからこそ＝スタンダードを維持・厳守しているからこそ、〈異常な状態〉が直ちに発見できるのです。最初から服装も装備品も生活態度もデタラメとくればそうはゆきません。『通常の状態をいつも必ず厳守し、通常の状態をいつも必ず観察し、通常の状態をいつも必ず確認し合っていれば』、警察官に異常のあったことが直ちに発見でき、それを警察組織として認知でき、だからこそ、即座に必要な警察活動が実施できるのです。要はスタンダードとは、即応能力の担保手段です。

……しかしこのことは、何も警察官の服装等や、警察官の即応能力に限った話ではないでしょう。

例えば、このことはまさに職質ワールドに適用できます。すなわち、『街や街ゆく人の通常の状態をいつも必ず観察していれば』、街や街ゆく人に『異常』があるかどうか直ちに確認できます。そう、街や街ゆく人（自動車）のスタンダードを頭に叩き込んでおけば、〈異常な挙動〉×〈周囲の事情〉を自然な違和感として直ちに察知できるはずです。いえ、そうした具体的な警察活動に資するため、一見下《くだ》らないことのような『服装』『靴』『ネクタイ』等々の細部にこだわるのです。いわゆる『神は細部に宿る』のです。自分たちの『異常』が判断できない警察官に、いえそれを判断する準備をしようともしない警察官に、まともな職質ができるはずありません。自分の異常が判断できずに、どうして他人の異常が観察できるでしょうか。

加うるに、服装がだらしない警察官というのは、自己に妥協する警察官でもあれば、他者に妥協する警察官でもあります。よって『見逃し三振』を屁《へ》とも思わない警察官ですし、具体的な職質場面において相手《あいて》方《かた》に媚《こ》びる警察官、相手方と馴《な》れ合《あ》う警察官、相手方と不当な約束・取引をする警察官、適法妥当な職務執行をすぐに謝る警察官です。果ては手続を誤魔化《ごまか》す警察官、手続において嘘を吐く警察官です。最終的にはマル暴の靴を舐《な》める警察官です。平均的で真っ当な警察官であれば、服装だけでその『ヤバさ』は分かりますし、だからペアを組みたいとも、応援要請に駆け付けたいとも思いません。警察官が例えば、『暇《ひま》さえあれば靴を磨く』後天的本能を持っているのは、こうした事情によります。

――スタンダードを守り、スタンダードを確認することは、『通常』を身体で覚えさせ、『異常』を直ちに発見することに直結します。特に〈異常な挙動〉を重要要素とする職質においてはそうです。よって、『服装の乱れは技能の乱れ』『服装の乱れは職務執行の乱れ』となります。重ねて、これはマナー論でも精神論でもない、実戦的な要請です。

全ては地続き

職務質問を実施する警察官の99・99%は、交番等の〈地域警察官〉です。

その勤務メニューは『通常基本勤務《ツウジョウキホンキンム》』として制度的に定められ、義務的に実行されます。勤務の種別としては〈警ら〉〈立番《りつばん》〉〈巡回連絡《じゅんかいれんらく》〉〈見《み》張《はり》〉〈在所《ざいしょ》〉等があります（PC《パトカー》勤務となるとこれが〈機動警ら〉となったりします）。

右の、本書においてはまだ触れていない〈巡回連絡〉＝〈巡連《ジュンレン》〉というのは、要は地域警察官による『家庭訪問』『出撃型の御用聞き《ごようき》』のことです。今時《いまどき》、警察官の家庭訪問だなんてアナクロで迷惑だよ……とお感じになる方《かた》もおられましょうが、実は高齢者世帯を家庭訪問することによって、特殊詐欺防止の実《じつ》を挙げるなど、その効用には未《いま》だ侮《あなど》りがたいものがあります（市民も実は、「こちらから電話して言うほどの事じゃないけれど、そういえば御近所の誰某《だれぼう》さん、どうもお子さんを虐待《ぎゃくたい》しているような気が……」といった情報を、たくさん有しておられるのが常ですので）。要は、巡回連絡なる勤務は、警察官が個別具体的に情報発信をする活動でもあれば、警察官が地域の実態を把握する活動でもあります。

ここで、警察俗諺《ぞくげん》に「巡連が上手い奴は職質も上手い」「立番が上手い奴は職質も上手い」なるものがあります。

これに関連して、〈立番ダッシュ〉なる職質の態様については既に触れました。要は、交番付近で立って警戒をしているそのときでも、職質は充分できるし実際に行われている、ということを御説明しました。しかしそれ以上に「立番が上手い奴は職質も上手い」のは、キチンと警戒をし＋キチンと市民接遇《せつぐう》をして、街と街ゆく人（自動車）の常《じょう》態《たい》をキチンと観察して把握しているからです。立番という固定的な警戒勤務においても、〈不審性〉＝〈異常な挙動〉×〈周囲の事情〉の入力と更新を怠《おこた》らないからです。まして、諸願届《しょねがいとどけ》のため来所した市民にキチンと応対することによって、『通常の市民の語り方』『何かある市民の語り方』『警察活動を要する市民の語り方』をも入力・更新しているからです。これが〈不審性〉に対する即応能力に直結することは論《ろん》を俟《ま》ちません。

他方で、一見して職務質問とは関係なさそうな〈巡連〉＝家庭訪問ですが、ところがどうして、これが地域の実態を把握する活動でもある以上、事情は右の〈立番〉と何も変わりません。『街と街ゆく人の常態』も入力・更新できますし、『市民の語り方』も入力・更新できますし、まして家庭訪問の相手《あいて》方《かた》は〈立番〉で接する相手方より遥《はる》かに、著しくバラエティに富んでいます。老若男女《ろうにゃくなんにょ》の別はもちろんのこと、それぞれの職業的特性も、それぞれの地域的特性も、それぞれの警察に対する感情も、実に多岐《たき》にわたります。

「家庭訪問を10件する暇《ヒマ》があれば、その分《ぶん》職質を掛ける時間に充てたい」と考える警察官も少なくありませんが——そしてその心情も理解できますが——ハンターとして熟練してくればくるほど、「もっと巡連したい」「もっと実態把握したい」となってゆきます。それはそうです。ハンターが求める『最善の狩り場』について、地域住民は実に多くの情報を持っていますから。またその情報が得られなくとも、千差万別《せんさばんべつ》の市民と接し、その『常態《じょうたい》』『語り方』を観察できること、こちらの『語り方』を訓練してもらえることは、ハンターの『観察眼』『潮目《しおめ》を見る眼』を確実に成長させてくれますから。よって、家庭訪問などという、直接の実績からは実に遠回りに見えるものが、『おたから』『絶好の教育訓練』になります。「巡連が上手い奴は職質も上手い」所以《ゆえん》です。

以上を一般化すれば、『1つのタスクを嫌々やっている奴はそもそも論外』『1つのタスクをキチンとこなせるようになってようやくスタートライン』『1つのタスクを他のタスクのため有機的に関連付けることがプロへの道』『1つのタスクを多目的なタスクとして、意識的にとらえなおすことが実績につながる』『プロとしての瞳《め》を養ってゆけば、この世に無駄《むだ》なタスクは1つも無いことが解る』――よって、全ては地続きということになります。

……まだ抽象的ですので、もっと卑近《ひきん》な例で考えましょう。

上司・同僚のためお茶汲《ちゃく》みをする。そもそも緑茶なのか珈琲《コーヒー》なのか冷水なのか。温度は、量は、器は、タイミングは……日々行ううちに、それぞれの好みや事情が入力できます。それは『常態《じょうたい》』を把握し終えたということです。そこで濃い緑茶好《ごの》みの上司が「今日はぬるい白湯《さゆ》を頼むわ」と言ったなら……それは〈異常な挙動〉です。常態を把握し終えているから、その〈不審性〉が直感できる。ならば何故、今日に限ってぬるい白湯なのか？　カフェインを控《ひか》えているのか、もうどこかでたくさん緑茶を飲んだのか、あるいは何らかの病《やまい》で薬でも飲むのか。その分析結果は、こちらの以降の行動に響くはずです。また当該《とうがい》上司に用件があるとしたら――声掛け・停止を求めるとしたら――その分析結果に基づいたアクションを起こすのが、こちらにとって有利です（最悪、「非《ひ》道《ど》い風邪《かぜ》を引いているときに厄介《やっかい》な案件を持ってくるな‼」と怒られる可能性とてありますし……）。

こうしたことは、何もお茶汲みのみならず、コピー撮《と》り、お客様の御案内、会議室の準備、昼食の注文取り、トイレ掃除、懇親会《こんしんかい》の段取り……社会人としてのあらゆる場面において妥当し、また適用できることです。

――下働き・気働き・他のタスク・他の勤務を含む『全て』が、成長のため、訓練のため、そして実戦のため『地続き』となっているのです。ちょっと意識すれば、お金を貰ってやっていることに1つとして無駄はない、無駄だと考えているのが自分の未熟・迂闊《うかつ》であることが解ります（といって、私自身はかなり迂闊《うかつ》な警察官だったので、これをドヤ顔で語る資格はありませんが……）。

仏の心

以上、職務質問技能の基本的心得《こころえ》、初段の心得の一部を概観しました。

無論、具体的心得というならこの幾倍も幾倍もありますし、初段に限らず御紹介するとすれば、それだけで新書数冊が必要となるでしょう。

当然、今は白帯未満である私に、それらの充分な解説はできません。

特に、次に御紹介する〈仏の心〉は、既に職質道において〈名人〉〈永世名人〉〈神〉の域に達した警察官にして初めて語れるものですので、実は御紹介するのも――私の未熟・素人さゆえ――ためらわれます。まさか縷々《るる》論じることはできません。

ただ、警察官は断じて実績・件数のために、ひいては自分自身のために善良な市民に迷惑を掛けているのではない、ということを申し上げるため、いささか標語的ではありますが、職質道における〈仏の心〉として私が教わったことの一部を、最後に列挙しておきます（教え子がバカで趣旨が大いに違っていたらスミマセン……）。以下、当たり前のことばかりに思えますが、ところがどうして、その域に達するのは時にとても困難です。

「嘘を吐かない」

（手続についても根拠についても判断についても、時に自分の言動・態度・考え方といった人間性にわたるものに関しても、絶対に嘘を吐かない。それはどのみち相手方《あいてかた》にすぐ解ってしまう。たとえそうでなくとも、自分の心が薄汚《うすぎたな》く

曇る）

「口と心の一致」

（言葉の感銘力《かんめいりょく》は、真実と本気と決意により生まれる。言行一致《げんこういっち》ほど現場における説得力となるものはない。本気の「はい」と嫌々の「はい」なら誰にでも解る。それは職質・対話におけるあらゆる言葉についてそうである）

「罪を憎んで人を憎まず」

（相手方が真実犯罪者であるとしても、鬼の心で臨んではいけない。憎むべきは犯罪。その犯罪から自分で立ち直ってもらうこと、自分で改心してもらうこと。それが『任意に協力してもらう』の真意である。「あなたも今まで罪を犯して苦しかっただろう、辛かっただろう」と自然に言えるのが警察官の道である）

「数字を忘れる」

（必ず検挙する＝必検《ヒッケン》の心掛けと、検挙や数字そのものを目的とすることは違う。検挙や数字そのものを目的とすると、不思議なことに、途端《とたん》に検挙できなくなる。理由の1つには、自《おの》ずから警察官の『目が欲に眩《くら》む』『焦《あせ》って視野が

狭《せば》まる』ことがあるのだろう）

「自分を磨く」

（究極の所、職質の成否を左右するのは自分の『観察＝五感』であり『判断＝決意』である。要するに人間的成長である。極論、相手方がどうだとか、同僚がどうだとかは関係ない。人の所為《せい》にしない。上手くゆかないとすれば、それは全て自分の何かが足りないのである。その何かを学ぶため、仕事でも趣味でも家庭生活でも、あらゆることから勉強しなさい。それで足りないのなら、恥を恐れずに自分から聞いて回りなさい。あらゆる種類の本を読んで、技能も人間性も高めなさい。勉強においては悪食《あくじき》になりなさい）

「自我を捨てる」

（技能は自分との戦いである。一歩踏み出す勇気は、自分に負けない勇気。欲に迷う自我を捨てて、無心《むしん》になれる勇気。我《が》が強い人間には、必ず成長の限界が来る。自分に負けて躊躇《ちゅうちょ》するときが来る。躊躇すなわち我《が》の強さだから。よって技能を向上させるには、技能にこだわってはいけない。技能を向上させるのは心。平常心であり自然体であり無欲であり、すなわち無心である）

古野まほろ　東大法卒、リヨン第3大法修士課程修了。学位授与機構より学士（文学）。警視庁Ⅰ種警察官として警察署・警察本部・海外・警察庁等に勤務。警察大主任教授にて退官。法学書等多数。

Ⓢ新潮新書

928

職《しょく》務《む》質問《しつもん》

著　者　古野《ふるの》まほろ

2021年10月20日　発行

発行者　佐　藤　隆　信

発行所　株式会社 新潮社

〒162-8711　東京都新宿区矢来町71番地
編集部(03)3266-5430　読者係(03)3266-5111
https://www.shinchosha.co.jp

装幀　新潮社装幀室

図表作成　ブリュッケ

印刷所　株式会社光邦

製本所　加藤製本株式会社

ISBN978-4-10-610928-7 C0236

価格はカバーに表示してあります。